Royal Horticultural Society

Achtsamkeit
beim
Gärtnern

Mit allen Sinnen pflanzen, pflegen und genießen

Lektorat Alison Starling, Pollyanna Poulter
Gestaltung und Bildredaktion Juliette Norsworthy, Rosamund Saunders, Giulia Hetherington
Herstellung Allison Gonsalves
RHS Rae Spencer-Jones, Simon Maughan

Für die deutsche Ausgabe:
Programmleitung Monika Schlitzer
Redaktionsleitung Caren Hummel
Projektbetreuung Manuela Stern
Herstellungsleitung Dorothee Whittaker
Herstellungskoordination Arnika Marx
Herstellung Jenny Kolbe

Titel der englischen Originalausgabe:
Gardening for Mindfulness

First published in Great Britain in 2017 by Mitchell Beazley,
a division of Octopus Publishing Group
Carmelite House
50 Victoria Embankment
London EC4Y 0DZ

Published in association with the Royal Horticultural Society

Übersetzung Reinhard Ferstl
Lektorat Christine Ritter

ISBN 978-3-8310-3496-3

Druck und Bindung in China

Besuchen Sie uns im Internet
www.dorlingkindersley.de

Hinweis
Die Informationen und Ratschläge in diesem Buch sind von den Autoren und vom Verlag
sorgfältig erwogen und geprüft, dennoch kann eine Garantie nicht übernommen werden.
Eine Haftung der Autoren bzw. des Verlags und seiner Beauftragten für Personen-, Sach-
und Vermögensschäden ist ausgeschlossen.

Royal Horticultural Society

Achtsamkeit
beim
Gärtnern

Mit allen Sinnen pflanzen, pflegen und genießen

Holly Farrell

INHALT

Über dieses Buch

Erfahrene wie Einsteiger finden in diesem Buch Orientierungshilfe und Inspiration für achtsames Gärtnern.

Im ersten Kapitel *Was ist Achtsamkeit?* wird beschrieben, was Achtsamkeit ausmacht. Dazu gibt es eine Übung: Wir lassen eine Blüte in ihrer Schönheit auf uns wirken. Erläutert werden dabei die positiven Auswirkungen der Achtsamkeit und des Gärtnerns auf unser Leben. Im nächsten Kapitel *Achtsamkeit und Gärtnern* geht es darum, was beide gemeinsam haben. Ich gehe auf die grundlegenden Prinzipien der Achtsamkeit ein und zeige erste Achtsamkeitsübungen. Außerdem erfahren Sie, wie man im Garten meditiert und sich auf einen achtsamen Streifzug durch sein grünes Reich macht.

Einen Achtsamkeitsgarten anlegen schlägt Gestaltungsstrategien und Pflanzen vor, die achtsames Gärtnern unterstützen. Es werden Pflanzen empfohlen, die die fünf Sinne anregen. Mit dabei sind auch Vorschläge für Balkone und Indoor-Gärten. Die nächsten beiden Kapitel sind der Frage gewidmet, wie sich Achtsamkeit in alltägliche Gartenarbeiten integrieren lässt. *Die Praxis des achtsamen Gärtnerns* ist in erster Linie für Leser gedacht, die bereits Gartenerfahrung haben. Es wird auf die Hauptaufgaben in jeder Jahreszeit eingegangen und wie man sie achtsamer umsetzt. *Projekte für Achtsamkeitsgärten* richtet sich eher an Gartennovizen, ist aber genauso für erfahrene Gartenbesitzer interessant. Es enthält kleine Projekte wie die Anlage eines Mandala oder eines Kräutergartens mit speziellen Pflegeanleitungen und Achtsamkeitsübungen.

Das *Merkblatt zur Achtsamkeit* fasst die Grundregeln achtsamen Gärtnerns prägnant zusammen. Sie können es so aufhängen, dass Sie auf Ihrem Weg in den Garten daran vorbeikommen. *Quellen* verweist auf Weiterführendes über das Gärtnern sowie das Konzept der Achtsamkeit und nennt die Zitatquellen.

Ja, ich erinn're Adlestrop –
Den Namen, 's war ein Nachmittag
Und heiß der Schnellzug hielt dort an
Ganz ungeplant. Am letzten Junitag.

Dampf zischte. Räuspern war zu hören.
Niemand ging und niemand kam
Am leeren Bahnsteig. Was ich sah,
War Adlestrop – nur dieser Nam'

Und Weiden, Weidenröschen, Gras
Und Mädesüß und Heudocken,
Nicht weniger still und einsam schön
Als am Himmel die Wolkenflocken.

Und grade jetzt sang eine Amsel
Ganz nah und – schon gedämpfter zwar –
Weit weg und immer weiter weg, die Vogelschar
Von Oxfordshire und Gloucestershire.

Edward Thomas,
Adlestrop

Kapitel 1

Was ist Achtsamkeit?

Edward Thomas' 1914 entstandenes Gedicht (Seite 7) ist ein vollendetes Beispiel für Achtsamkeit. Man stelle sich das Szenario heute vor: Der Zug hält in einem Bahnhof, aber wer würde auf ihn achten? Wie viele sähen nicht aus dem Fenster, sondern in ihr Smartphone, ihren Laptop oder beides gleichzeitig? Wir würden wohl zusätzlich die Welt mit Kopfhörern ausblenden und uns Gedanken über die anstehende Arbeit machen. Zu Hause könnten wir uns kaum an die Fahrt erinnern, obwohl wir vielleicht noch mit Unmut registriert hätten, dass der Zug außerplanmäßig gehalten hatte und wir deshalb verspätet angekommen waren. Wie viel angenehmer wäre die Fahrt gewesen, hätten wir zum Fenster hinausgeblickt und gesehen und gehört, was um uns herum passierte? Wir sind so sehr beschäftigt, die Zukunft zu planen und über die Vergangenheit zu grübeln, dass wir die Gegenwart vergessen. Das Leben zieht an uns vorbei.

Die Lösung dieses Problems ist Achtsamkeit. Durch Trainieren unseres Gehirns können wir lernen, der Welt mit Aufmerksamkeit zu begegnen. Das heißt nicht Singen oder Meditieren, denn Achtsamkeit ist weder Religion noch Theorie. Achtsamkeit ist einfach die Fähigkeit, den Geist zu öffnen. Auf die Vorzüge dieser segensreichen Gabe weisen zahlreiche Neurowissenschaftler hin.

Achtsamkeit ist ein Konzept, das man sich ganz einfach aneignen kann. Es kostet uns nicht einmal Zeit, denn wir können die Fähigkeit im Alltag trainieren. Und welcher Ort wäre dafür besser geeignet als der Garten?

Achtsamkeit ist, einfach ausgedrückt, Aufmerksamkeit. So viele unserer Handlungen entspringen schlichter Gewohnheit. Weil das moderne Leben so viel Ablenkung bietet, ist es allzu leicht, auf Autopilot zu schalten. Unterhaltungen mit Freunden oder der Familie führen wir lediglich mit halber Aufmerksamkeit, da wir schon nachdenken, was als Nächstes zu tun ist. Selbst Essen schmecken wir nur nebenbei, weil unsere Augen auf einen Bildschirm geheftet sind.

Achtsamkeit kann uns auch helfen, mit negativen Gefühlen wie Angst, Stress, Trauer und Depression fertigzuwerden. In der Achtsamkeitspraxis geht es nicht darum, Gefühle zu verändern oder unter den Teppich zu kehren, sondern sie zu akzeptieren. Es gibt keinen Grund, uns dafür zu tadeln, dass wir nicht »besser« sind. Indem wir diese Gedanken kommen und gehen lassen, ohne sich in ihnen zu verlieren, schaffen wir eine gewisse Distanz und erkennen, dass die Gefühle uns nicht definieren und nicht ewig andauern werden. Man stelle sich Gedanken als Autos auf einer belebten Straße vor: In der Mitte zu stehen und verzweifelt zu versuchen, ihnen auszuweichen, ist ein Alptraum. Wesentlich besser ist es, neben der Straße zu sitzen und den Verkehr vorbeifließen zu sehen. Wir lernen, Gedanken zu beobachten statt zu fühlen, indem wir den Fokus immer wieder auf unsere Sinne richten, wenn wir abgelenkt werden.

Mehr steckt nicht dahinter. Achtsamkeit ist ein Zustand erhöhter Aufmerksamkeit, der innere Ruhe bringt. Wir leben den Augenblick und erfahren ihn mit allem – wir sind präsent. Gedanken und Zerstreuungen werden nicht weggeschoben. Stattdessen lassen wir sie auftauchen, um uns dann wieder dem zuzuwenden, was wir gerade tun. Wir gewähren dem Geist Ruhe – und uns die Zeit, das Leben weiter zu genießen. Meditation ist übrigens ein Instrument, eine Übung, um Achtsamkeit zu praktizieren. Aber sie definiert Achtsamkeit nicht.

Wie man Achtsamkeit praktiziert

Es gibt dafür zwei Übungen. Die erste besteht darin, still dazusitzen und sich auf den Atem zu konzentrieren, der in den Körper hinein- und hinausfließt – eine meditative Übung. Merkt man, dass der Geist abschweift, vielleicht weil er von Geräuschen oder Gedanken abgelenkt wird, führt man die Aufmerksamkeit wieder zurück zum Atem.

Die zweite Methode funktioniert genauso, nur ist die Übung aktiv und in alltägliches Handeln eingebunden. Während gewohnheitsmäßiger Tätigkeiten wie Rasenmähen konzentriert man sich auf eine bestimmte Sinneswahrnehmung, zum Beispiel die Empfindungen beim Auf-und-ab-Gehen im Gras.

Die Vorzüge der Achtsamkeit und des Gärtnerns

Schalten Sie den Autopiloten ab

Es mag der Intuition zunächst widersprechen, sich Zeit zum nachdenklichen Betrachten des Lebens zu nehmen. Aber tun wir das nicht, verschwenden wir es umso mehr. Das ständige Vorankämpfen, ohne den Blick zur Seite zu wenden, kann zur kontraproduktiven Obsession werden. Wir sitzen stundenlang am Schreibtisch, versuchen heldenhaft, eine Arbeit fertigzustellen, und merken erst nach ihrer Beendigung, wie müde, hungrig, kalt und steif wir eigentlich sind. Das Holzhacken mit stumpfer Axt ist eine langsame, quälende Fron, wenn wir nicht innehalten und unser Werkzeug schärfen. Indem wir eine Pause machen und neue Kräfte schöpfen, können wir uns gestärkt an die Arbeit machen und sie besser und schneller erledigen. Achtsamkeit heißt, sich einen Augenblick geistig hinzusetzen, um Körper und Geist eine Auszeit zu gönnen.

Auf Autopilot zu schalten kann uns helfen, den Tag zu bewältigen. Dabei aber verpassen wir etliche Gelegenheiten, das Leben zu genießen. Indem wir Achtsamkeit in unser Leben lassen, können wir uns erst so richtig unseren Freunden und unserer Familie widmen ... das hervorragende Gericht, auf das wir uns gefreut haben, erst zur Gänze genießen ... die Sehenswürdigkeiten während unseres einzigartigen Urlaubs voll auf uns wirken lassen. Wenn wir all das ganz bewusst mit unseren Sinnen statt unseren Gedanken erleben, bleiben sie auch klarer in unserer Erinnerung verankert.

> »Halte immer an der Gegenwart fest. Jeder Zustand, ja jeder Augenblick ist von unendlichem Wert, denn er ist der Repräsentant einer ganzen Ewigkeit.«

Rosa 'Paul's Himalayan Musk'

J. W. von Goethe

Lindern Sie die Folgen negativer Gefühle

Achtsamkeit kann uns auch lehren, wie wir unseren inneren Kritiker zum Schweigen bringen. Nur zu leicht geraten unsere negativen Gefühle außer Kontrolle. Indem wir aber unsere Gedanken ohne Wertung beim Kommen und Gehen beobachten, lernen wir, dass wir als Person nicht gleichbedeutend mit unseren Gedanken sind. Wer sucht nicht in Zerstreuung – Frustessen, Frust-shoppen, Alkohol – Zuflucht vor schmerzlichen Gefühlen, ohne je das Problem an der Wurzel zu packen? Seinen Gefühlen unvoreingenommen zu begegnen kann schwierig sein, aber Achtsamkeit lehrt uns, unsere Fehler mit Nachsicht zu sehen. Mit anderen Worten: Sorge dich nicht, weil du dich sorgst, stresse dich nicht, weil du dich stresst. Wir können den Teufelskreis durchbrechen und unsere Einstellung zu negativen Gefühlen ändern. Das entrümpelt den Geist, sodass wir uns, wenn wir über etwas nachdenken, ganz auf dieses Nachdenken konzentrieren können – und damit produktiver und kreativer umgehen.

Achtsamkeit als Medizin

Die positive Wirkung von Achtsamkeit auf stressbedingte Krankheiten hat dazu geführt, dass eine Reihe staatlicher Gesundheitssysteme rund um den Globus kognitive Verhaltenstherapien auf der Grundlage von Achtsamkeits-strategien anerkannt hat. Zahlreiche Studien bestätigen die positive Wirkung bei der Behandlung von Krankheiten wie Depression und der Bekämpfung von Stress- und Angstzuständen. Achtsamkeitsbasierte kognitive Verhaltenstherapie kann Konzentration, Kreativität und Beziehungen günstig beeinflussen.

Profitieren Sie von Achtsamkeit

Gärtnern, ja generell der Aufenthalt im Freien, hat nachweislich viele Vorteile, nicht nur für den Körper, sondern auch für den Geist. Neu ist das nicht – schon im 19. Jahrhundert ließen Sanatorien ihre Patienten Feldarbeit verrich-ten. Die wohltuende Wirkung von Gartenarbeit auf psychisch Kranke wurde in den USA bereits 1798 dokumentiert. Heute ist dies durch klinische Studien untermauert. Wie eine Untersuchung der Gesundheit und des Wohlbefindens

von Schrebergärtnern ergab, leidet diese Personengruppe seltener an Niederge-
schlagenheit und Müdigkeit als Menschen, die keinen Garten haben. Das von
der britischen Organisation für geistige Gesundheit *Mind* ins Leben gerufene
Ecominds-Projekt bot 12 000 Personen mit psychischen Problemen die Möglichkeit, sich draußen aktiv zu betätigen. Bei 70 Prozent der Teilnehmer führte
dies zu einer signifikanten Verbesserung des psychischen Wohlbefindens. Die
American Horticultural Therapy Association (AHTA), ein Verband für Gartentherapie, wurde 1973 gegründet und bietet therapeutische Betreuung in
unterschiedlichsten Bereichen an. In Deutschland, Österreich und der Schweiz
widmet sich die Internationale Gesellschaft Gartentherapie (IGGT) dieser
Thematik. In aller Welt erkennt man zunehmend, dass psychische Krankheiten
enorme soziale und wirtschaftliche Kosten verursachen und eine medikamen-
töse Behandlung nur zu einem geringen Teil Erfolg verspricht. Mit *Social Pre-
scribing*, dem »Verschreiben sozialer Aktivitäten«, versucht man das Leben des
Patienten durch Befriedigung sozialer Bedürfnisse positiv zu beeinflussen.

Das Gärtnern bietet wie Achtsamkeit die Möglichkeit, in einer chaotischen
Welt zu innerer Ruhe zu finden. Es ist ein Gegenmittel zu unserem sitzenden,
virtuellen Leben – selbst wenn es nur für ein paar Minuten praktiziert wird.
Sowohl das Gärtnern als auch die Achtsamkeit schaffen eine Beziehung zur
Welt um uns herum – zur Natur und den Menschen. Das führt zu Wohlbeha-
gen und innerem Frieden. Das Bearbeiten des Erdreichs ist ein so wesentlicher
Teil unserer Evolution und Psyche, dass das Pflegen von Pflanzen und Böden
sich selbst für jene, die nie gegärtnert haben, vertraut anfühlt. Physische Aktivität setzt Endorphine, also Glückshormone, frei. Sozialer Austausch über den
Gartenzaun oder in Gartenvereinen, aber auch das Verschenken von Selbstgezogenem, fördern die psychische Gesundheit. Die *New Economics Foundation,*
die sich die Verbesserung von Lebensqualität zum Ziel gesetzt hat, definiert
fünf Faktoren, die zu psychischem Wohlbefinden beitragen: sich mit anderen
austauschen, aktiver werden, nie aufhören zu lernen, anderen zu geben und
von der Welt Notiz zu nehmen. Das Gärtnern erfüllt alle fünf.

Achtsamkeit: die Basics

Achtsamkeit und Spiritualität

Auf unserem Weg zur Achtsamkeit braucht Religion keine Rolle zu spielen. Gleichwohl ist es interessant zu wissen, dass Achtsamkeit stark in der Meditationspraxis buddhistischer Mönche verwurzelt ist. Innere Einkehr diente ihnen zur Erlangung von Erleuchtung. Die praktischen Aspekte ihrer Meditation, also ihre konkrete Umsetzung, sind Achtsamkeitsübungen sehr ähnlich.

Wenngleich zwischen der philosophischen Meditation der Buddhisten und dem erdverbundenen Gärtnern Welten zu liegen scheinen, hat diese Religion doch einen engen Bezug zur Natur. Viele ihrer Lehren sind praxisnah und auf den Alltag anwendbar, selbst wenn man mit der Religion wenig am Hut hat. Buddhisten veranschaulichen mit dem Symbol der Lotosblüte (*Nelumbo*), dass selbst in schlammigen Sümpfen reine, makellose Schönheit existiert. Zudem erklären sie mit dem Himmel metaphorisch den Geist. Die wahre Natur des Geistes ist rein. Von Zeit zu Zeit oder auch die ganze Zeit wird er von Wolken negativer Gefühle und Gedanken getrübt. Aber Himmel und Wolken sind nicht dasselbe. Der Himmel ist *hinter* den Wolken nach wie vor blau, rein und frei vorhanden. Wir müssen nur die Wolken vertreiben.

Nur zu leicht führen wir unsere Gefühle auf äußere Ursachen zurück. Der Mensch strebt unablässig nach Glück. Aber warum müssen wir es in unserer fortgeschrittenen Zivilisation überhaupt noch erreichen? Wir scheinen einsamer, ängstlicher und unglücklicher denn je. Die Antwort lautet: Mit Geld kann man Glück nicht kaufen. Das haben Studien mit Lottogewinnern gezeigt. Sobald unsere Grundbedürfnisse – ein Dach über dem Kopf, Essen im Bauch – erfüllt sind, wird alles andere Unsinn. Je mehr wir zusammenraffen, desto unzufriedener sind wir. Unser altes Auto, unser früheres Haus, unser ehemaliger Partner waren nicht langweilig an sich – wir waren von ihnen gelangweilt.

Gerbera

Es mag banal klingen, aber unser Geist ist entscheidend für unsere Lebenssicht. Drei Menschen am Start eines Marathons können drei völlig verschiedene Einstellungen haben. Einer will vielleicht nur laufen und sieht die Herausforderung, der andere hat Angst vor Verletzungen oder Niederlagen, und der dritte sieht überhaupt keinen Grund zu laufen, wenn es nicht notwendig ist. Ihre Standpunkte werden einzig und allein von ihrem Geist geformt, dem Produkt von Erfahrungen und Verhaltensweisen, die durch Wiederholung und Gewohnheit mit den Jahren gestärkt wurden. Wer zu Übellaunigkeit neigt, wird auch übellaunig sein. Wir können einen schlechten Tag in der Arbeit, den verspäteten Bus oder zu wenig Essen für unsere schlechte Laune verantwortlich machen. Tatsache ist aber, dass wir immer etwas finden, um übel drauf zu sein, und es anderen in die Schuhe schieben.

Der Buddhismus lehrt uns, dass wir nicht nach draußen, sondern nach drinnen sehen müssen. So können wir durch Bekämpfung der Ursachen unserer Unzufriedenheit oder Probleme nach Zufriedenheit und Erleuchtung streben. Wir müssen nicht andere für unsere Unzufriedenheit verantwortlich machen und auch nicht Unsummen dafür ausgeben, uns Zufriedenheit zu kaufen. Durch achtsames Meditieren können wir unsere düsteren Wesenszüge erkennen, ohne Ausflüchte zu suchen oder andere verantwortlich zu machen. So finden wir durch bloßes Fokussieren auf die Gegenwart neue Wege des Denkens.

Moderne Neurowissenschaft

»Neurons that fire together, wire together« – Neuronen, die gemeinsam feuern, verdrahten sich eher, so lautet das Mantra der Neurowissenschaftler. Unser Gehirn ist kein fertiges Organ, denn es verändert und entwickelt sich ständig – Experten nennen das Neuroplastizität. Das Gehirn bleibt also immer formbar und kann neue Fähigkeiten erwerben. Man braucht dafür nur Zeit, Geduld und Übung. Alte, negative, destruktive Denkmuster existieren lediglich, weil der Geist ausgetretene Pfade beschreitet. Wenn wir beispielsweise eine Abkürzung über den Rasen nehmen, statt den regulären Weg zu gehen, bildet sich ein

Trampelpfad im Gras. Im Lauf der Jahre wächst der eigentliche Weg zu und ist nicht mehr zu sehen. Diese große Schwäche der Neuroplastizität ist gleichzeitig ihre Stärke: Weil das Gehirn formbar ist, *müssen* wird die Abkürzung nicht nehmen. Wir können auch den alten Weg gehen. Dann wird der Trampelpfad zuwachsen und der alte Weg wieder Hauptpfad werden.

Alles, was wir tun, hinterlässt also einen Abdruck in unserem Geist. Je öfter wir etwas tun, desto häufiger feuern Neuronen gemeinsam – und desto intensiver verbinden sie sich miteinander.

Viele Neurowissenschaftler würden sagen, dass ein Verständnis für die Vorgänge in unserem Gehirn interessanter und für unseren Alltag und unser Leben wichtiger ist als Erkenntnisse über den Weltraum. Fest steht inzwischen, dass die Evolution des menschlichen Gehirns nicht an allen Stellen gleich schnell vonstattenging. Es gibt zwei parallel laufende Systeme: das sympathische und das parasympathische Nervensystem.

Das sympathische System ist unsere Grundeinstellung, steuert aber unglücklicherweise auch unsere Reaktion auf Notsituationen – also die Entscheidung, ob wir kämpfen, flüchten oder erstarren. Es flutet unseren Körper außerdem mit den Stresshormonen Adrenalin und Cortisol. Wegen einer kleinen Fehlprogrammierung in unserem System geraten wir leider nur zu oft in eine Schleife, in der unser Unterbewusstsein glaubt, dass wir uns in einem Zustand ständiger Alarmbereitschaft befinden, und sich unser Bewusstsein gleichzeitig stresst, weil wir gestresst sind. Eine längere Ausschüttung größerer Cortisolmengen erhöht Puls und Blutdruck und unterdrückt die Aktivitäten der Verdauungs- und Fortpflanzungsorgane, die bei Flucht- und Kampfsituationen nicht gebraucht werden. Sie schwächt zudem die Denk- und vor allem Erinnerungsfähigkeit, weshalb wir uns nichts merken können, wenn wir gestresst sind. Vor allem aber unterdrückt Cortisol das Immunsystem. Damit sind wir nicht nur anfälliger für kleinere Infekte wie Erkältungen, sondern auch für ernsthaftere Probleme, die von Herzerkrankungen, Diabetes und Fettleibigkeit bis zu psychischen Störungen und Demenz reichen.

Das parasympathische System signalisiert dem Gehirn, dass es entspannen kann, einem falschen Alarm aufgesessen ist und es keinen Grund zur Angst gibt. Der Puls geht zurück, der Blutdruck sinkt und der Körper führt dem Gehirn und anderen großen Organen wieder Energie zu. Das ist der erstrebenswerte Zustand, aber weil wir unbewusst stets auf der Hut vor Fressfeinden und anderen Gefahren sind, geht unser Gehirn standardmäßig in den Panikmodus, während wir unter Stress auf Autopilot schalten, um durch den Tag zu kommen. Wir müssen versuchen, eher das parasympathische System zu aktivieren. Möglich ist das durch Achtsamkeit, denn wenn wir erkennen, was in unserem Geist passiert, können wir ihm auch beibringen, dass der Angriff eines Säbelzahntigers im Büro eher unwahrscheinlich ist.

In dieser Wildblumenwiese geben sich Klatsch-Mohn (*Papaver rhoeas*), Margerite (*Leucanthemum vulgare*) und Kornblume (*Centaurea cyanus*) ein Stelldichein.

Achtsamkeitspraxis und Beharrlichkeit

Wenn wir uns im Alltag Zeit für Achtsamkeit nehmen, können wir auch trainieren, den Autopilotmodus zu verlassen und nicht ins Grübeln zu verfallen. Je häufiger das gelingt, desto leichter wird es. So lernen wir, das Leben mit beiden Händen zu greifen, statt es nur vorbeiziehen zu lassen, während wir über etwas anderes nachdenken. Dabei geht es nicht darum, den Geist zu verändern. Nach einigen wenigen kurzen Versuchen der Achtsamkeit wird er sich von selbst verändern – das hat die Erfassung von Gehirnströmen bei Menschen vor, nach und während Achtsamkeitspraktiken gezeigt. Dieser Aspekt der Achtsamkeit (und die meisten anderen) offenbart, dass sich sowohl der buddhistische als auch der wissenschaftliche Ansatz kaum unterscheiden.

Ein paar Minuten Achtsamkeitspraxis täglich reichen schon, um unser Gehirn in eine neue Spur zu bringen. Aber selbst diese kurze Zeit dem Tag in Form von Meditation abzutrotzen bereitet vielen Schwierigkeiten. Die Lösung: Bauen Sie Achtsamkeitspraktiken in den Alltag ein. Ein idealer Raum dafür ist der Garten. Die Konzentration auf den Atem wird ersetzt durch die Konzentration auf die jeweilige Arbeit und die Sinneserfahrung. Immer wenn die Aufmerksamkeit abschweift, gibt es einen Anblick, Geruch, Klang, Geschmack oder eine Berührung, die den Geist zurück zum Hier und Jetzt bringt. Leider liegt es in der Natur des Geistes, sich leicht ablenken zu lassen, weil er immer Ausschau nach Angreifern hält. Deshalb braucht es Zeit und Mühe, ihn das Fokussieren zu lehren – vor allem angesichts der modernen Technik, die diesen Hang zur Ablenkung nur zu leicht nährt. Je häufiger wir aber feststellen, dass unser Geist abgeschweift ist, und uns wieder auf unsere Sinne oder den Atem fokussieren, desto kräftiger wird dieser »Muskel« in unserem Gehirn. Denn das Gehirn ist tatsächlich eine Art Muskel und sollte wie ein Muskel ständig trainiert werden, um in Form zu bleiben. Wir müssen, um mit Hercule Poirot zu sprechen, »unsere kleinen grauen Zellen benutzen«.

Achtsamkeit ist eine leichte, aber keine schnelle Lösung für viele Probleme. Wie bei einem schönen Garten, den man aus einem lehmigen Stück Land zaubert, braucht man Zeit und Ausdauer. Wenn wir in diesem Garten Unkräuter statt Blumen gießen, werden die Unkräuter wachsen. Dasselbe gilt für unsere positiven und negativen Handlungen und Gedanken: Je mehr wir das Negative pflegen, desto schneller und kräftiger wird es wachsen. Durch Stärkung des Geistes kommen wir wesentlich besser mit dem zurecht, was uns das Leben zwischen die Beine wirft.

Oft erkennen wir erst nach einem Beinaheunfall, einer schlimmen Diagnose oder anderen schrecklichen Ereignissen, dass wir anders leben wollen. Achtsamkeit führt nicht unbedingt dazu, dass Sie Ihr Leben umkrempeln. Aber es bringt Sie dazu, es in vollen Zügen zu leben. Manche Verfechter von Achtsamkeit glauben, dass wir auf eine geistige Katastrophe zusteuern. Ganz gleich, ob man dem beipflichtet: Es gibt keine schönere Zeit als das Jetzt. Glauben Sie nicht, dass Sie anfangen zu leben, wenn Sie Ihre To-Do-Liste abgehakt haben. Integrieren Sie lieber Achtsamkeit in den Alltag und spüren Sie, was das mit Ihnen macht.

Das Betrachten einer Blüte

Diese Übung ist Ihr erster Schritt zur Achtsamkeit und eine innere Einkehr. Sie können sie immer dann durchführen, wenn Ihnen danach ist.

Suchen Sie sich zunächst eine Blüte aus. Es kann eine sein, die Ihnen besonders gut gefällt oder die gerade in der Nähe ist. Idealerweise befindet sie sich noch an der Pflanze, doch auch abgeschnitten tut sie ihren Dienst. Sie muss nicht unbedingt das Prachtstück des Gartens sein – es geht darum, Ihre Aufmerksamkeit ganz auf die Blüte zu lenken und sie auf sich wirken zu lassen.

Suchen Sie sich einen Platz zum Sitzen – ein schattiges Fleckchen im Garten, den Küchentisch oder den Boden – und machen Sie es sich bequem. Stellen Sie sicher, dass Sie nicht gestört werden, indem Sie das Telefon in ein anderes Zimmer bringen und Radio oder Fernseher ausschalten. Lesen Sie den Text zur Übung zuerst durch, legen Sie das Buch während der Übung aber weg. Es geht nicht darum, alles exakt richtig zu machen – Sie sollen einfach eine Zeit lang die Blüte aufmerksam betrachten und sich darauf konzentrieren.

Sie bekommen Vorschläge, was Sie sich ansehen können. Das sollten Sie lediglich als Anregung sehen. Konzentrieren Sie sich außerdem auf das Sehen. Wenn jedoch andere Sinne angesprochen werden, etwa weil Insekten in die Blüte fliegen oder Sie gern über die Blütenblätter streichen möchten, können Sie auch das in den Mittelpunkt Ihrer Aufmerksamkeit stellen.

Nehmen Sie sich beliebig lange, aber mindestens fünf Minuten Zeit. Sollten Sie merken, dass Sie sich haben ablenken lassen oder die Gedanken abgeschweift sind, ärgern Sie sich nicht. Das ist ganz normal. Richten Sie die Aufmerksamkeit wieder behutsam auf die Blüte. Sobald Sie einen natürlichen Endpunkt erreichen, merken Sie, dass Sie die Blüte tatsächlich gesehen haben – etwas, was Ihnen vielleicht noch nie zuvor gelungen ist.

So geht's

 Machen Sie ein paar tiefe Atemzüge. Atmen Sie durch die Nase ein und durch den Mund aus. Ihr Körper sollte mit jedem Atemzug mehr entspannen. Konzentrieren Sie sich auf die Punkte, an denen Ihr Körper mit dem Stuhl oder dem Boden Kontakt hat und wie das Körpergewicht auf diese Punkte drückt. Setzen Sie sich bequemer hin, falls Sie auch nur die kleinste Unbehaglichkeit spüren. Atmen Sie noch einige Male tief ein, konzentrieren Sie sich diesmal aber auf die Brust oder den Bauch.

 Richten Sie Ihre Aufmerksamkeit nun auf die Blüte. Was sehen Sie? Versuchen Sie nicht, die Blüte innerlich zu beschreiben – sehen Sie sie nur an. Mit anderen Worten: Erzählen Sie sich nicht, was Sie tun (etwa: »Ich sehe mir die Rose an. Sie ist rot.«).

 Welche Farbe haben die Blütenblätter? Sehen Sie genauer hin: Wie unterscheiden sich die inneren und äußeren Blütenblätter, wie die Spitze vom Ansatz? Erkennen Sie die Nuancen? Wie ist das Spiel von Licht und Schatten? Bewegen sich die Blütenblätter im Wind? Haften noch Regen- oder Tautropfen daran? Haben sie eine glatte oder raue Oberfläche? Sind sie dünn oder dick?

 Was ist mit der Blütenmitte? Ist sie flach oder kuppelförmig oder reckt sie die Staubblätter und die Narbe (die den Pollen aufnimmt) nach oben? Kann man die Pollen sehen? Hat sich die Blüte erst kürzlich geöffnet, oder ist sie bereits bestäubt? Sehen die Blütenblätter aus, als würden sie bald abfallen? Sitzen viele Insekten auf der Blüte? Wenn ja, sehen Sie ihnen zu.

 Hält der Stiel die Blüte aufrecht? Oder ist sie nickend oder sogar hängend? Hat die Pflanze die Blüte zur Sonne gedreht? Ist der Stiel glatt oder behaart? Welchen Grün- oder Braunton hat er, und wechselt dieser auf seiner Länge? Sitzen weitere Blütenknospen oder austreibende Blätter an ihm?

 Sehen Sie sich die grünen Teile der Blüte an, etwa den Kelch oder die Kelchblätter, aus denen die Blütenknospe sich anfangs herausgeschoben hat. Sind sie noch grün oder verblassen sie und werden braun? Stehen knapp unter der Blüte schon Blätter? In welcher Farbtönung, welcher Form? Sind die Blattränder glatt oder gesägt?

 Nehmen Sie mit der Nase nah an der Blüte einen letzten tiefen Atemzug und spüren Sie den Duft, ob blumig, frisch oder grasig.

»Blumen anschauen hat etwas Beruhigendes: Sie kennen weder Emotionen noch Konflikte.«

Sigmund Freud zugeschrieben,

Psychoanalytiker

KAPITEL 2

Achtsamkeit und Gärtnern

Was ist ein Garten?

Wenngleich schon die alten Römer seine wohltuende Wirkung erkannt hatten, ist der Garten als Freizeitort doch ein relativ modernes Konzept. Die frühen Gärten waren im Grunde Minibauernhöfe zum Anbau von Nahrung und Heilkräutern. Erst ab dem 16. Jahrhundert kamen Blumengärten auf, die man ihrer Schönheit wegen und nicht als Nutzfläche anlegte. Ursprünglich hatten, wie so oft bei Modeströmungen, nur die Reichen die Möglichkeit, einen Garten zu unterhalten, der allein der Erbauung diente – für die Armen war der Lavendelstrauch nichts weiter als eine Halterung zum Trocknen der Wäsche. Allmählich aber konnte es sich auch die Mittelklasse und später die Arbeiterklasse leisten, ein Stückchen Land der Kultur von Blumen, Bäumen und Sträuchern zu widmen. Zudem waren private Gärten Orte, über die man mehr Kontrolle ausüben konnte als über das Leben draußen.

»Es gibt eine Kraft aus der Ewigkeit und diese Kraft ist grün.«

Hildegard von Bingen

Heute haben wir nicht mehr so viel Grund, den Garten als Ort zu nutzen, an dem wir »alleiniger despotischer Regent über jedes lebende Wesen« (John Laurence, 1716) sind. Genauso wenig brauchen wir ihn als Nahrungsquelle. Was also ist ein Garten? Der *Duden* definiert ihn als »begrenztes Stück Land [am, um ein Haus] zur Anpflanzung von Gemüse, Obst, Blumen o. Ä.«.

Wer einen Garten anlegt, ist sich bewusst, dass er darin etwas tut, was Pflanzen und ihrem natürlichen Wuchs zuwiderläuft. Der achtsame Gärtner geht zurückhaltend, mit Sorgfalt und einem Verständnis für die Bedürfnisse jeder Pflanze vor. Dadurch wird der Eingriff wohlüberlegt und sinnvoll, nicht nur für den Gärtner, sondern auch für die Gewächse. Nicht vergessen werden sollte ferner, dass man durch die Anlage eines Gartens die Vielfalt der Flora und Fauna am jeweiligen Ort sehr stark erhöht. Wir verbessern im Grunde also, was die Natur ohne Fremdeinwirkung dort vorgesehen hätte.

Ein Garten wird nicht durch seine einzelnen Bestandteile definiert, wer ihn jedoch wie der Duden lediglich als Ort zum Anbau von Gemüse, Obst und Blumen sieht, erweist ihm einen schlechten Dienst. Ein Garten ist mehr als die Summe seiner Einzelteile und entzieht sich obendrein jeder Definition, da er sich ständig verändert, entwickelt und wächst. Genauso ist unsere Haltung ihm gegenüber konstant im Fluss. Jeder Garten ist ein einzigartiger Raum, in dem sich unsere Persönlichkeit widerspiegelt. Das betrifft sowohl sein Aussehen als auch seine Bedeutung für uns. Jeder Gartenbesitzer hat eine ganz eigene Beziehung zu seinem Garten. Manche sehen ihn als Hort der Kindheitserinnerungen an Sandkastenspiele, andere als Vorlage für Gemälde.

Das Wort »Garten« ist demnach lediglich ein allgemeiner Begriff. Seine konkrete Ausprägung hängt von vielen Faktoren und nicht zuletzt vom Betrachter selbst ab. Obwohl sich ein Garten im wahrsten Sinne des Worte auf den Boden und auf Pflanzen gründet, ist er etwas Flüchtiges, ja, Illusorisches. Er ist, was wir in ihm sehen, und unsere Geisteshaltung beeinflusst unser gärtnerisches Tun.

»An sich ist nichts weder gut noch schlimm; das Denken macht es erst dazu.«

William Shakespeare,

Hamlet

Naturmetaphern

»Er ist fest verwurzelt in seiner Heimat« ... »es hat nichts gefruchtet« ... »eine Idee keimte in ihm« ... wir verwenden zur Beschreibung unseres Privat- und Berufslebens immer wieder Garten- und Naturmetaphern, ohne groß darüber nachzudenken. Wenn Worte nicht mehr genügen, sagen wir's mit Blumen. Gärten und Pflanzen sind so fest in der menschlichen Psyche verankert, dass selbst jene, die nicht sonderlich naturverbunden sind, den Wert von Pflanzen zu schätzen wissen und ihre Sprache verstehen.

Die Natur als unerschöpfliche Quelle von Metaphern und Vergleichen ist besonders in der Achtsamkeitslehre präsent. Das liegt zum Teil an den buddhistischen Wurzeln vieler Achtsamkeitstrainer, zum Teil aber auch daran, dass die Natur eine so universelle Sprache ist. Was wieder beweist, wie gut sich das Gärtnern für die Achtsamkeitspraxis eignet.

Wir pflegen uns, wie wir Pflanzen pflegen. Wir brauchen Platz und Licht zum Wachsen, Wasser und Nährstoffe. Wir müssen uns um unseren Boden – unsere Umgebung – kümmern, damit wir gedeihen können. Überdies brauchen wir genauso wie die Pflanzen in unseren Breiten Ruhephasen. Wenn wir unseren Körper und Geist so behandeln würden wie unseren Garten, ob parkähnliches Anwesen oder winziger Topfgarten, hätten wir beste Voraussetzungen.

In der buddhistischen Literatur werden negative Gedanken und Empfindungen mit Unkraut verglichen, positive Gefühle hingegen mit Blumen. Was viel Aufmerksamkeit, Wasser und Raum zur Ausdehnung bekommt, wird gedeihen und hat das Zeug, andere zu verdrängen. Wir wollen, dass Blumen besser gedeihen als Unkraut. Manche unserer Pflanzvorhaben funktionieren, andere scheitern. Was ist, wenn wir auf unser Leben zurückblicken, gut gewachsen, was überwuchert und in den Schatten gedrängt worden?

Ein Meer leuchtender Zinnien

Achtsamkeit lässt sich aber auch als Einheit aus Ursache und Wirkung sehen. Wenn wir Bohnensamen säen, entwickelt sich daraus eine Bohnenpflanze. Unsere Handlungen haben ausnahmslos Wirkungen – selbst kleinste können gewaltige Folgen nach sich ziehen. Was, wenn wir zum Beispiel eine Eichel gepflanzt hätten? Wer keinen Bohnensamen sät, wird keine Bohnenpflanze ernten. Wenn wir umgekehrt Unkraut säen, ernten wir auch Unkraut. Neurowissenschaftler sind sich einig: Alle unsere Aktionen und Gedanken können Neuronen dazu bringen, gemeinsam zu feuern. Negative Handlungen und Gedanken verstärken die negative Verdrahtung, positive hingegen die positive Verdrahtung.

Die Erkenntnis, dass unsere Emotionen nicht ewig Bestand haben, ist ein zentrales Element der Achtsamkeitspraxis. Sie hilft uns auch, mit Verlusten zurechtzukommen, vor allem im Garten. Pflanzen sterben, aber indem sie zu Erde werden, schenken sie der nächsten Generation Leben. So lernen wir, die Erde in der Blume und die Blume in der Erde zu sehen. Bei anderen Gewächsen wie Apfelbäumen oder Weizen muss die Blüte vergehen, damit Frucht und Same werden können. Wer die verwelkte Blüte beklagt, versteht nicht, dass darin das Potenzial für das nächste Lebensstadium liegt. Nichts ist von Dauer.

Der Garten ist ein hervorragender Ort, um die Verflechtungen der Natur zu verstehen. Manche glauben an eine Lebenskraft, eine Energie, die alles Lebende durchdringt. Doch es gibt selbst in einer rein wissenschaftlichen Sichtweise Zyklen und Verbindungen. Der Schweiß auf unserer Stirn verdunstet und steigt auf zu den Wolken, die Wasser auf unsere Pflanzen regnen lassen. Licht und Dunkelheit sind in allen Sprachen bildhafte Begriffe für Gut und Böse oder für Erleuchtung und Ignoranz. Dabei sollte man sich allerdings vergegenwärtigen, wie eine Pflanze wächst. Sie absorbiert tagsüber Licht, ein Großteil des Wachstums aber findet nachts statt. Die Pflanze braucht die Dunkelheit ebenso sehr wie das Licht. Die beiden sind nicht konträr, sondern verknüpft. Wer die Verflechtungen erkennt, kann Empathie entwickeln. Sie hilft uns, den Fokus vom »ich, ich ich« unserer Gedanken wegzulenken.

Die Natur nähren

> »Ein Garten ist ein großartiger Lehrer. Er lehrt Geduld und gewissenhafte Achtsamkeit; er lehrt Fleiß und Sparsamkeit; vor allem aber lehrt er gänzliches Vertrauen.«

Gertrude Jekyll,
Gartengestalterin und Autorin

Wir vertrauen uns in einem Garten der Natur an, so wie sich die Natur dort uns anvertraut. Wir geben bei der Pflege von Boden, Pflanzen und Tieren unser Bestes, dafür schickt uns die Natur Regen und Sonne, damit unsere – in einem Akt des Vertrauens ausgesäten – Samen keimen und unsere Pflanzen blühen und fruchten. Die Natur kann aber auch grausam und aggressiv sein, wie jeder weiß, der eine Reihe von Salatsetzlingen sorgsam gehegt und gepflegt hat, nur um sie an gefräßige Schnecken zu verlieren, oder der einen geschätzten Baum verloren hat, weil er von einem Sturm umgeworfen wurde. Gärtner haben deshalb normalerweise kein allzu verklärendes Bild von ihr.

Was lernen wir daraus? Wir haben nicht über alles die Kontrolle – es wäre auch töricht, das zu versuchen. Außerdem hat die Natur ihre eigenen Pläne. Schneeglöckchen (*Galanthus*) erscheinen und blühen, wenn es für sie so weit ist, ganz gleich, wie sehr wir darauf warten. Eine Änderung der natürlichen Ordnung lässt sich zwar erzwingen, zum Beispiel durch Vortreiben von Hyazinthen für den Frühwinter oder von Zucchini für den Spätwinter. Aber ist das wünschenswert? »Alles hat seine Stunde«, heißt es in der Bibel (Buch

Kohelet 3.1). Beim Gärtnern brauchen wir Geduld. Weil wir nicht einfach zum Ergebnis vorscrollen können, müssen wir von Natur aus achtsam sein.

Wenn es etwas gibt, über das sich alle, ob aus dem wissenschaftlichen oder religiösen Lager, einig sind, dann ist es das buchstäblich Unfassbare der Natur. Je mehr wir ihre Komplexität und ihre Mechanismen ergründen, desto mehr bringt sie uns zum Staunen. Für manche ist das der Beleg, dass ein allmächtiger Schöpfer existiert, für andere der Beweis für die Vielschichtigkeit der Evolution – aber alle sind sich einig, dass die Natur ein Wunder ist. Pflanzen sind keine fühlenden Wesen, sie schätzen die Feinheiten der Sprachkunst William Shakespeares oder den Zauber von Puccinis *Tosca* nicht. So gerät man leicht in Versuchung, sie als minderwertigere Organismen zu sehen. Dabei sollte man sich allerdings vergegenwärtigen, wie Pflanzen auf kleinste Wechsel von Temperatur, Tageslänge und Lichteinfallwinkel zu reagieren imstande sind – Reaktionen, die wir ohne technische Hilfe gar nicht erfassen könnten. Vielleicht sind sie doch nicht so dumm. Berücksichtigt man noch ihre einzigartige Fähigkeit, sich ihre Nahrung selbst herzustellen, dann merkt man, dass man es doch mit sehr ausgeklügelten Organismen zu tun hat, denen gegenüber man achtsam sein sollte, wenn man sich um Rabatten oder Topfpflanzen kümmert.

Es ist nur natürlich, in vielen – vielleicht allen – Aspekten des Lebens, zu denen auch der Garten gehört, nach Perfektion zu streben. Perfektion in einer natürlichen Umgebung ist möglich, aber – und das ist der Haken – sie hängt davon ab, wie man sie definiert. Gärten sind ständig im Fluss. Wir können zwar erreichen, dass er an einem bestimmten Tag perfekt aussieht, aber am nächsten Morgen hat er sich schon wieder verändert. Auch interessiert es Gärten nicht, wenn wir in Urlaub fahren; Rückschläge und Probleme sind immer möglich. Wenn wir aber akzeptieren, dass Vollendung wie jeder Zustand und jedes Gefühl nicht von Dauer ist, können wir dieses Ziel immer wieder erreichen.

Sonnenblumen *(Helianthus annuus)*

Das Wichtigste, was die Natur uns lehren kann, ist, einfach nur zu sein. Natur beklagt sich nicht, grübelt nicht und wünscht sich auch kein anderes Leben herbei. Selbst die schönsten Blüten sind nur Blüten, ohne jede Eitelkeit und Einschränkung. Früchte kümmert es nicht, ob sie von uns oder von Vögeln und Würmern verspeist werden. Begeisterte Gärtner erhalten oft Tassen und andere Geschenke mit Aufschriften wie »Wie gern wäre ich im Garten!«. Aber so sollte man nicht denken. Wer achtsam sein will, sollte nicht einmal im Stau träumen und sich woanders hinwünschen. Selbst wenn die Situation nicht sonderlich erstrebenswert ist, so können wir die interessanteren, mit Spaß behafteten Seiten des Lebens nur genießen, wenn wir auch Langeweile kennen.

Das heißt nicht, dass wir uns machtlos fühlen sollten. Denn natürlich gehört es zu den großen Vorzügen einer selbstbestimmenden Art, wie wir es sind, dass wir unsere Lage verbessern können. Allerdings bedeutet Achtsamkeit auch, nicht immer zu wünschen, dass alles besser oder anders sei. Wir sollten vielmehr schätzen, was wir haben, und erkennen, dass wir gar nicht so unglücklich sind. Pflanzen haben keine Tagträume und denken auch nicht: »Hätte ich doch violette Blüten und nicht rote«. Sie akzeptieren das ihnen zugeteilte Leben einfach und machen das Beste daraus. »Sei zufrieden mit dem, was du hast« ist ein in vielen Kulturen gehörter Rat, was beweist, wie wenig wir uns daran halten. Aber wenn Änderungen nötig werden, bekommen wir durch Achtsamkeit eine solche Zielstrebigkeit und geistige Klarheit, dass wir in eine positive Richtung finden.

Man wird bescheiden, wenn man der Natur ins Gesicht sieht und die Fülle ihrer Weisheit und Kraft erkennt. Gleichzeitig tut uns das gut, denn wir sind ja ein Teil davon. Die Natur lässt uns von ihren Fehlern lernen und hat über vier Milliarden Jahre Erfahrung – Gärtner tun also gut daran, ihre Interessen so weit wie möglich mit denen der Natur in Einklang zu bringen. Darüber hinaus aber kommen viele im Garten zur Ruhe und fühlen sich dort zu Hause. Die Natur hat zwar ihre eigenen Vorstellungen, wie die Dinge laufen sollen, aber wir haben einen Platz in ihrem Plan. Man nennt sie nicht umsonst Mutter Natur.

Ein besserer Gärtner werden

Achtsame Gärtner sehen mehr. Wenn wir einem Garten wirklich unsere volle Aufmerksamkeit widmen, bemerken wir alle Pflanzen, nicht nur die blühenden oder großen. Der mit seinen farbenfrohen blattlosen Trieben im Winter unübersehbare Hartriegel (*Cornus*) tritt im Sommer eher in den Hintergrund, seine feinen Blätter aber setzen beim genauen Betrachten einen hübschen Kontrapunkt zu den Zweigen. Die kleinsten Gewächse am Vorderrand einer Rabatte werden gern übersehen, aber wer achtsam ist, schätzt auch sie in ihrer zarten, winzigen Schönheit und nicht nur als niedrige Füllsel.

Achtsames Gärtnern sensibilisiert uns zudem für Veränderungen – hier ein neues Blatt, da die erste Blüte, dort der Fruchtansatz. Wenn wir diese Achtsamkeit mit unseren selbstgezogenen Genüssen in die Küche mitnehmen, können wir auch Gerichte achtsamer genießen. Wir essen viel aufmerksamer, wenn wir Zeit und Mühe in den Anbau gesteckt haben – letztlich schmeckt es deshalb auch besser. Durch bewusstes Aufnehmen merken wir uns mehr, sodass wir einen großen Erfahrungsschatz aufbauen, was unter welchen Bedingungen normalerweise gedeiht. Deshalb können wir uns optimal auf unsere Pflanzen einstellen und bessere Gärtner werden.

Klatsch-Mohn (*Papaver rhoeas* Shirley-Gruppe)

»Wir sehen etwas erst dann wirklich, wenn wir es verstehen.«

John Constable,

Maler

Das gilt auch und vor allem für Pflanzen. Es ist durchaus möglich, sich sein gärtnerisches Wissen nur durch Erfahrungen anzusammeln. Es steht uns aber auch gut zu Gesicht, wenn wir einräumen, dass wir nicht alles über Gartenbau wissen – wissen können. Wir müssen unsere Nase in Bücher stecken, das Internet durchforsten oder Freunde und Nachbarn gelegentlich um Rat fragen. Denn schon allein dadurch, dass wir Pflanzen – selbst auf niedrigstem Niveau – verstehen, gehen wir nicht nur mit größerer Wertschätzung im Garten zu Werke, wir sind auch eher imstande, Pflanzen mit mehr Hintergrundwissen zu pflegen. Schon allein durch genaues Betrachten eines Gewächses erfahren wir viel über seine bevorzugten Bedingungen. Die schmalen, silbrigen Blätter von Lavendel etwa sind ein Beleg dafür, dass er aus einem heißen, trockenen Klima stammt, in dem durch kleines Laub das Sonnenlicht reflektiert und der Wasserverlust reduziert werden. Ein solcher Strauch wird nicht sonderlich erbaut darüber sein, dass man ihn in einen Sumpf pflanzt. Die dünnen, großen grünen Blätter einer Funkie wiederum lassen darauf schließen, dass die Pflanze Streuschatten und viel Bodenfeuchtigkeit bevorzugt; pralle Sonne und Wassermangel lassen sie vertrocknen. Viele der größten Gartenarchitekten sprechen über jede einzelne Pflanze wie über einen engen Freund. Sie wissen alles über sie und schätzen sie gerade deshalb umso mehr.

Eine Blaumeise *(Cyanistes caeruleus)* zwischen Kirschblüten

Vom Umgang mit Krankheiten und Schädlingen

Achtsamkeit hilft im Garten auch dann weiter, wenn wir es mit Pflanzenkrankheiten zu tun bekommen. Durch Entfernen erkrankter Teile bei den ersten Anzeichen eines Befalls, und sei es auch nur ein Blatt, können wir das Problem manchmal schon lösen. Wenn die Krankheit einmal so weit fortgeschritten ist, dass sie selbst dem gedankenverlorensten Gärtner ins Auge sticht, ist der Pflanze vermutlich nicht mehr zu helfen.

Etwas anders verhält es sich mit Schädlingen. Nichtpflanzliche Gartenbewohner sind zahlreich und vielgestaltig – und viele davon leben von Pflanzen. Aber bevor wir uns mit der Sprühflasche in die Schlacht stürzen oder Schnecken mit Stiefeln zermalmen, sollten wir einen Moment über unsere Einstellung nachdenken. Wer hat mehr Recht, im Garten zu sein – wir oder der Schädling? Wer war zuerst da? Wollen wir ihn nur deshalb loswerden, weil wir penibel sind? All die schädlichen Raupen, Blattläuse und Vögel haben wie wir und die Pflanzen einen Platz in der natürlichen Ordnung.

Ein Schild mit der Aufschrift »Schädlinge willkommen« an die Gartentür zu hängen ist allerdings auch nicht gerade geeignet, unsere Freude am Garten zu erhöhen. Zudem hat der Besuch unerwünschter Gäste negative Folgen für unsere Pflanzen. Wichtig ist letztlich eine angemessene Reaktion. Statt Rosen beim ersten Anzeichen eines Blattlausbefalls zu spritzen, sollte man sich vergegenwärtigen, dass es ein paar Tage dauert, bis die Population so groß ist, dass Vögel auf die Schädlinge aufmerksam werden und die Pflanze für uns von ihnen befreien. Wer ein guter Gärtner werden will, sollte die natürlichen Feinde der Hauptschädlinge kennen und auch wissen, was er pflanzen und tun sollte, um diese Verbündeten anzulocken (mehr dazu unter *Achtsames Gärtnern für Tiere* auf Seite 106–115). Setzen Sie auf Abschreckung anstelle von Zerstörung – das zeigt mehr Wirkung, auch wenn Sie nicht an Karma glauben. Statt beispielsweise mit Schneckenkorn auf die schleimigen Kriecher zu feuern, räumen sie lieber den Haufen alter Töpfe weg, unter dem sich die Tiere tagsüber verkriechen. Vögel und sogar Amphibien treten dann auf den Plan und tun sich gütlich an ihnen, womit auch Ihr Problem gelöst wäre. Lassen Sie Dingen ihren natürlichen Lauf und setzen Sie auch nicht allzu sehr auf Dünger. Er regt Pflanzen zum Austrieb von üppigem, gleichzeitig aber auch schwachem Laub an, das wiederum ein gefundenes Fressen für Blattläuse ist. Manches kann man auch positiv sehen: Die bis zum Boden abgefressene Pflanze hat wieder ausgetrieben und später und üppiger geblüht als ihre Nachbarin, weil jeder Trieb nun zwei zusätzliche Triebe hervorgebracht hat.

Eine positive Einstellung

Einstellung und Motivation sind entscheidend für erfolgreiches Gärtnern und Achtsamkeit. Einen Garten anzulegen hat keinen Sinn, wenn wir ihn nicht gern pflegen. Eine einzelne Topfpflanze ist großen Staudenrabatten vorzuziehen, wenn uns die Topfpflanze Freude macht, die Rabatten hingegen eine Schinderei sind. Nützlich ist es, das Ganze auf einer Skala von angenehm zu unangenehm einzuordnen. Gärten und das Gärtnern sind angenehm, aber es gibt auch ein Zuviel des Guten. Wenn der Zeiger sich in den unangenehmen

Bereich bewegt, wird es Zeit für eine Neubewertung – wobei der Punkt, an dem es umschlägt, von Mensch zu Mensch unterschiedlich ist. Die im letzten Jahr gepflanzte Kapuzinerkresse war vielleicht eine angenehme Bereicherung. Ihre roten und orangefarbenen Blüten brachten Farbe in eine Gartenecke, die Bienen liebten sie und die Blätter, Blüten und Samen schmeckten köstlich. Dieses Jahr ist sie überall im Garten aufgetaucht, ihr Orange und Rot beißt sich fürchterlich mit den rosa Rosen und man muss sie jäten wie Unkraut – ganz unangenehm. Das ist ein simples Beispiel, aber man kann ein beliebiges anderes wählen: Ein bisschen Schokokuchen ist angenehm, zu viel Schokokuchen dagegen nicht mehr schön. Es lohnt sich also, achtsam zu bleiben und darüber nachzudenken, was uns am Gärtnern Spaß macht, damit Gutes sich nicht zum Schlechten wendet.

Erfolgreiches Gärtnern und erfolgreiche Achtsamkeit erfordern ein beständiges Bemühen über einen langen Zeitraum hinweg. Ein kurzes Aufflammen von Arbeitsbegeisterung, gefolgt von langem Desinteresse, bringt kaum die gewünschten Ergebnisse. Wie oben veranschaulicht kommen einem Bemühungen viel leichter vor, wenn sie angenehm sind. Gleichzeitig kann es andere Gründe geben, warum wir manches nicht in Angriff nehmen wollen. Es ist sehr leicht, Gartenarbeiten oder Achtsamkeitspraktiken auf die lange Bank zu schieben, weil es so viele wichtigere Dinge zu tun gibt, weil gerade der falsche Zeitpunkt ist oder weil wir nicht sicher sind, was zu tun ist. Dagegen hilft mitunter ein kurzes Nachdenken über die Vergänglichkeit – nicht nur unsere, sondern auch die des Gartens. Wer das Wässern zu lange aufschiebt, muss mit vielen verdursteten Pflanzen rechnen. Den perfekten Zeitpunkt gibt es nicht, doch mangelndes Selbstvertrauen in die eigenen Fähigkeiten ist ein vergänglicher Zustand, den man durch Einholen von Rat leicht abstellen kann. Kurzum: Es ist auch wichtig, dass wir uns Zeit nehmen, unseren Garten zu genießen, uns mit einer Tasse Tee hineinzusetzen und ein paar achtsame Augenblicke damit zu verbringen, den Tee zu trinken und ansonsten einfach nur das Dortsein zu erleben.

»Sonnenschein ist vorzüg-
lich, Regen erfrischend, Wind
kräftigend, Schnee beglückend;
im Grunde gibt es kein schlechtes Wetter, nur verschiedene
Arten von gutem Wetter.«

John Ruskin,
Schriftsteller und Künstler

John Ruskins Sinnspruch auf der vorherigen Seite veranschaulicht, wie unsere Einstellung unseren Blick beeinflusst. Wenn wir gegenüber unserem Garten – und dem Leben an sich – eine positive Einstellung haben und langfristig motiviert an die Gartenarbeit herangehen, werden Verwerfungen und Rückschläge weniger bedeutsam. Unser Geist neigt von Natur aus zu einer negativen Sichtweise. Deshalb sind wir nur allzu leicht unzufrieden mit dem, was wir besitzen oder erreicht haben. Aber wenn wir uns vor Augen halten, warum wir etwas tun, anstatt darüber zu brüten, wie viel oder wenig wir geschafft haben, können wir unsere Begeisterung wiedergewinnen. Jäten wir beispielsweise ein Beet nur deshalb, weil wir Besuch bekommen und es sauber aussehen soll, ist dies eine schlechtere Motivation als das Vorhaben, dort viele schöne Gemüsepflanzen und Blumen, die uns lange Freude bereiten, anzusäen oder zu pflanzen.

Rückschläge verkraften

Oft heißt es, unser Charakter lasse sich eher aus unserer Reaktion auf Rückschläge als auf Erfolge herauslesen. Rückschläge wird es im Garten viele

geben. Manche sind höhere Gewalt, die übrigen jedoch auf zu intensive oder zu nachlässige Pflege zurückzuführen. Eine zu sehr verhätschelte Pflanze ist anfälliger für Schädlinge und Krankheiten, ein ohne Abhärtung in die Erde gestecktes Gewächs wird aber auch nicht gut gedeihen. Wenn wir das unter »wieder was gelernt« führen, statt uns darüber zu grämen, und uns achtsam auf die Gegenwart konzentrieren, sind wir auf dem besten Weg, ein besserer Gärtner zu werden.

Zurück zu den Sinnen

»Diejenigen, die sich so unermüdlich über den Schmutz und die Gefahren des Weges ausgelassen hatten, hatten kein Wort über die Schönheiten, die unvergleichlichen Schönheiten der Landschaft verloren.«

William Cobbett,
Rural Rides

Diese Bemerkung aus Cobbetts 1830 erschienenem Bericht einer Reise durch England veranschaulicht eindrücklich, wie die Einstellung von Menschen ihren Blick auf ein und denselben Ort beeinflusst. Die Einheimischen warnten Cobbett ausführlich vor der schlechten Straße. Ihnen war der Weg vertraut, und diese Vertrautheit hatte, wenn nicht gerade Verachtung, dann doch zumindest eine Missachtung der »unvergleichlichen Schönheiten« um sie herum entstehen lassen. Cobbett hingegen, der den Weg zum ersten Mal ging, sah nicht den Schmutz und die Gefahr von Erdrutschen, sondern die Felder, Hecken und Bäume, die sich zu einer malerischen Landschaft formten. Mit anderen Worten: Cobbett war achtsam, die Einheimischen nicht.

Bienen lieben die leuchtenden Blüten der Hohen Studentenblume (*Tagetes erecta*).

In der Achtsamkeitspraxis brauchen wir einen Anker, der uns wieder fokussiert, wenn unsere Aufmerksamkeit nachlässt. Bei sitzenden Achtsamkeitsübungen dient die Konzentration auf das Heben und Senken unseres Atems als Anker. Im Garten können wir stattdessen unsere Sinne nutzen. Die Natur nimmt sie dort allesamt voll in Anspruch. Sie erdet uns im Hier und Jetzt, damit wir nicht nur den Autopilotmodus verlassen, sondern uns auch von Sorgen über Vergangenes und Zukünftiges befreien. Wir können unsere Gedanken wie Bienen, die von Blüte zu Blüte fliegen, vorbeiziehen sehen und so deren Wirkung auf unseren Geist und Körper lindern. Wenn wir beim Betreten eines Gartens automatisch unsere Bewegungen verlangsamen, stehen bleiben, um etwas zu betrachten, und einfach nur die Sonne auf unserem Gesicht oder die frische Luft genießen, dann haben wir schon den halben Weg zu einer achtsamen Haltung zurückgelegt.

Stellen Sie sich vor, Sie befreien einen Rosenstock von verwelkten Blüten – eine Routinearbeit, die weder große körperliche Anstrengung noch viel Konzentration erfordert. Deshalb beginnen Ihre Gedanken zu wandern. Sie arbeiten weiter, aber widmen der Tätigkeit nicht mehr Ihre volle Aufmerksamkeit. Der anfängliche Gedanke, der Ihnen durch den Kopf gegangen ist, hat vielleicht dazu geführt, dass Sie jetzt über Ihre Alterssicherung nachgrübeln. Auf die haben Sie aber in diesem Augenblick nicht den geringsten Einfluss, Ihre Grübeleien sind also völlig sinnlos. Lenken Sie daher Ihren Fokus wieder zurück zu den Rosen. Vielleicht konzentrieren Sie sich auf die Farbe jeder Blüte, das Gefühl der Gartenschere in Ihrer Hand, den Duft der Rosen um Sie herum oder das Summen der Bienen in den Blüten. Nachdem Sie sich für eines davon entschieden haben, kehren Sie zu Ihrer augenblicklichen Tätigkeit zurück und gehen ganz darin auf. Die Sorgen ziehen weiter. Ihre Gedanken schweifen vielleicht wieder ab, das mag so Ihre Art sein. Aber der Garten ist ein Ort, an dem man immer wieder zu sich selbst zurückkehren kann.

Beim Abzwicken von Blüten setzt man den Schnitt über einer Blattachsel an.

Sehen Sie das Erlernen von Achtsamkeit auch als Gelegenheit, jene kindliche Neugier und Offenheit für die Wunder um uns herum wieder zu entfachen. Als Erwachsene empfinden wir der Natur gegenüber nur allzu leicht Gleichgültigkeit, Ernüchterung oder sogar Verachtung, vor allem wenn wir nicht inmitten von Pflanzen aufgewachsen sind. Auch die vernachlässigten Sträucher vor dem Büro oder Supermarkt können bei genauerem Hinsehen schön sein, selbst wenn sie schlecht geschnitten und von Unkraut überwuchert sind. Oft grenzt es schon an ein Wunder, dass sie an einem solchen Ort überhaupt durchhalten. Falls der Gesamteindruck dennoch nicht sonderlich angenehm ist, sehen Sie sich stattdessen einzelne Blätter oder Blüten an. Wir sind so oft »geschäftig« mit unseren Geschäften beschäftigt, dass wir das, was ein Glücksgefühl entfachen oder eine verloren gegangene Erinnerung zurückbringen kann, gar nicht mehr ansehen. Sobald aber der erste Schritt getan ist, können wir mit neuen Augen sehen und mit neuen Ohren hören, sodass wir die Umwelt frischer wahrnehmen.

Dasselbe gilt für unseren Garten. Er erscheint uns vielleicht langweilig und müde. Aber versuchen Sie ihn mit Kinderaugen zu sehen. Rasen ist mehr als nur Gras – er ist auch ein Fußballplatz, auf dem die Tore des Jahres geschossen werden, oder ein Meer voller Monster, durch das wir ein imaginäres Schiff hindurchnavigieren müssen. Gehen Sie nah heran, bücken Sie sich hinunter, und erkennen Sie die Miniaturwelt darin: die kämpfenden Miniwesen oder die neuen Triebe, die aus Knospen herausbrechen.

Wenn es das nächste Mal zu regnen beginnt, während Sie im Garten sind, eilen Sie nicht gleich ins Haus. Bleiben Sie draußen und erleben Sie das Wetter hautnah. Holen Sie sich einen Schirm und wasserdichte Stiefel, wenn es sein muss, aber genießen Sie die Erfrischung eine Weile – und hüpfen Sie in ein paar Pfützen. Einfach nur, weil es Spaß macht.

>>Man muss nicht erst sterben,
um ins Paradies zu gelangen,
solange man einen Garten hat.<<

Persische Weisheit

Suchen Sie sich am besten einen Ihrer fünf Sinne und konzentrieren Sie sich auf ihn. Wer alles erfassen will, was um ihn herum passiert und was er selbst tut, setzt sich einer Reizüberflutung aus. Es wäre, »als hörten wir das Gras wachsen und den Herzschlag des Eichhörnchens und würden ob dieses Getöses sterben«, wie George Eliot es in ihrem Roman *Middlemarch* beschrieb. Ruhe versucht der Geist eher in Gedanken als in den Sinnen zu finden. Weiter hinten gebe ich Ihnen einige Vorschläge, was Sie in jeder Phase Ihrer Arbeit als Anker nutzen können (z. B. auf Seite 132). Allerdings ist im Grunde alles mit gutem Rhythmus ein guter Start, etwa das Geräusch der stapfenden Füße beim Gehen, das Schnippen der Gartenschere beim Schneiden oder das Abpflücken von Himbeeren von den Ruten. Zu aktiven Handlungen wie dem Gärtnern zurückzukehren ist oftmals wesentlich einfacher, als sich auf den Atem zu konzentrieren. Aber wie immer, wenn es um Achtsamkeit geht, braucht man Übung und Geduld.

An der Schwelle innehalten

Auch auf die Gefahr hin, dass wir die Metapher überstrapazieren: Es ist äußerst wichtig, sich zu erden, bevor man mit dem Gärtnern beginnt. Wer übereilt in den Garten stürmt, wird kaum einen Zustand der Achtsamkeit erreichen. Im Folgenden finden Sie einige Vorschläge, wie man durch Verweilen an der Schwelle den Fokus wieder in den Körper zurücklenkt (siehe Seite 66–125). Nutzen Sie diesen Abschnitt als Anleitung für den Einstieg in die Übungen unter *Die Praxis des achtsamen Gärtnerns* (Seite 126–171) und *Projekte für Achtsamkeitsgärten* (Seite 172–215) sowie immer dann, wenn Sie in den Garten gehen.

Der Zeitpunkt zum Innehalten ist buchstäblich dann gekommen, wenn Sie den ersten Schritt in den Garten tun. Schließen Sie die Tür oder das Gartentor hinter sich und bleiben Sie anschließend stehen. Lassen Sie den Blick auf einen Punkt vor sich ruhen. Atmen Sie tief durch die Nase ein und durch den Mund aus. Spüren Sie beim Einatmen das Weiten Ihrer Brust und den Geruch der frischen Luft; fühlen Sie beim Ausatmen, wie sich Ihre Schultern und Ihr übriger Körper entspannen und sich senken. Atmen Sie noch mehrmals tief ein und konzentrieren Sie sich auf die Bewegung Ihres Körpers beim Hinein- und Hinausströmen der Luft. Wenn es Ihnen leichter fällt, sich beim Atmen auf die Nase oder den Bauch statt auf die Brust zu konzentrieren, machen Sie das – es geht darum, die Bewegung dort zu fühlen, wo sie am stärksten ist.

Bleiben Sie weiter dort stehen, wo Sie die Übung absolviert haben, und scannen Sie Ihren Körper mental von oben bis unten. Manchmal ist es hilfreich, dabei die Augen zu schließen. Sie sollen nicht nach Schmerzen suchen, wenngleich Sie in diesem Zustand vielleicht präsenter werden. Versuchen Sie aber nicht, sie zu beurteilen oder zu kritisieren (»mein Rücken schmerzt – ich hätte gestern die schwere Kiste nicht alleine heben sollen«). Lassen Sie einfach Ihre Aufmerksamkeit friedlich durch Ihren Körper nach unten gleiten. Registrieren Sie, was schmerzt und was nicht. Es geht nicht darum, etwas zu verändern, sondern nur darum, die Aufmerksamkeit auf die Sinne und den Körper statt die Gedanken zu lenken. Der Körper entspannt sich in der Regel automatisch, wenn er merkt, dass er angespannt ist. Wenn Sie sich ablenken lassen, führen Sie die Aufmerksamkeit wieder dorthin zurück, wo Sie sie verlassen hat. Es gibt kein Zeitlimit, aber ein, zwei Minuten sollte das Ganze schon dauern.

Nun wird es Zeit, dass Sie die Aufmerksamkeit auf die Welt um sich herum richten. Fangen Sie mit dem Wetter an. Spüren Sie die Sonne im Gesicht, ihre Wärme und Helligkeit, oder genießen Sie den Regen. Fallen große Tropfen oder feiner Nieselregen? Weht ein Lüftchen oder schon ein kräftiger Wind? Fühlt sich die Luft auf der Haut kalt oder warm, trocken oder feucht an?

Öffnen Sie nun die Augen und betrachten Sie den Garten. Suchen Sie nicht nach Arbeiten, die noch erledigt werden müssen, nicht nach Unkräutern oder Schädlingen, aber auch nicht nach den schönsten Blüten. Schärfen Sie einfach Ihre Sinne, indem Sie alles um sich aufnehmen: die Bilder vom Garten, der Landschaft dahinter oder sogar den Wolken. Das alles braucht nicht lange zu dauern – Sie sollen lediglich üben, sich auf Sinneseindrücke zu konzentrieren.

Verlagern Sie den Fokus auf die Geräusche: die singenden Vögel oder den brausenden Verkehr. Geräusche, vor allem wenn wir sie ständig hören, werden nach einer Weile automatisch ausgeblendet. Nehmen Sie alles wahr, was in Ihrer unmittelbaren Umgebung und weiter weg zu hören ist.

Inzwischen sollte sich Ihr Körper schon etwas entspannt und Ihr Geist für die Achtsamkeitsübung geöffnet haben. Gehen Sie in Erwartung der anstehenden Tätigkeit – ob es eine Arbeit ist oder Sie nur im Garten sitzen möchten – ein paar Schritte weiter und machen Sie sich mit vollem Bewusstsein daran.

Das Schöne an der Achtsamkeitspraxis ist, dass man nichts falsch machen kann. Sie ärgern sich vielleicht nach einer Übung, weil Sie sich zu oft ablenken haben lassen. Aber selbst das zeigt: Sie haben gemerkt, dass die Gedanken gewandert sind und Sie sie immer wieder zurückgebracht haben. Sogar wenn es mehrere Minuten dauert, bis Ihnen auffällt, dass Sie Ihren Gedanken nachhängen, haben Sie es zumindest registriert – und damit bilden die Neuronen schon einen weiteren Verbindungsstrang. Aber wie bereits erwähnt: Erzählen Sie sich nicht innerlich, was Sie gerade tun. Das ist nicht besser als das Grübeln über die nächste Rate. Versuchen Sie den Augenblick zu leben.

Es geht völlig in Ordnung, wenn man seine Bewegungen verlangsamen muss, um sich während der Übungen ordentlich auf die Sinne konzentrieren zu können. Je mehr man übt, desto leichter wird es. Wer bei den ersten tiefen Atemzügen und dem Körperscanning lieber sitzen möchte – nur zu. Die Sitzgelegenheit sollte jedoch nicht zu weit draußen im Garten sein.

Nicht vergessen: Bei allem, was Sie im Garten tun, geht es darum, ihn so intensiv wie möglich zu erfahren, völlig im Augenblick zu leben und die Gedanken nicht abschweifen zu lassen.

»Also lasst uns wirken, streben,
Off'nen Aug's für jed' Geschick,
Schaffen, handeln, still erwarten,
Frisch das Herz und frei der Blick.«

Henry Wadsworth Longfellow,
Lebenspsalm

Achtsames Gehen

Keine körperliche Tätigkeit läuft gewohnheitsmäßiger ab als das Laufen, sieht man einmal vom Atmen ab. Deshalb ist es bei Achtsamkeitsübungen empfehlenswert, die Aufmerksamkeit gerade deshalb auf diese Aktivität zu lenken. Sie können ja bereits gehen, sodass ein achtsames Gehen keine zusätzlichen Anstrengungen erfordert, aber viele Vorteile mit sich bringt. Der Weg lässt sich zunächst in bewältigbare Etappen unterteilen. So können Sie anfangs nur die ersten Minuten achtsam gehen und Ihre Achtsamkeitsspanne allmählich erweitern. Mit der Zeit fällt es Ihnen dann leichter, Fortschritte auch als solche zu empfinden, was wiederum die positive Verdrahtung im Gehirn verstärkt.

Achtsames Gehen kann zunächst ernüchternd sein. Denn man erkennt, wie wenig man die Welt um sich herum zur Kenntnis genommen hat, vor allem wenn es sich um einen Weg handelt, den man oft geht, etwa zum Schuppen oder in die Arbeit. Wie oft sind Sie an einem Ziel angekommen, ohne sich zu erinnern, wie Sie dort hingelangt sind? Das trifft besonders auf regelmäßige Fahrten wie das tägliche Pendeln zu. Den Kopf hängen zu lassen brauchen Sie deshalb nicht: Selbst wenn Sie bis jetzt nicht achtsam waren, so sind Sie es jetzt – und das ist entscheidend.

Vielleicht fragen Sie sich, warum Sie unterwegs überhaupt achtsam sein sollten. Der zurückzulegende Weg ändert sich nie: Da sind immer dieselben alten Pflanzen, Häuser oder Geschäfte. In Wirklichkeit gibt es viele Änderungen der Landschaft, die einem aber nur auffallen, wenn man genauer hinsieht. Und selbst wenn sich bestimmte Dinge nicht ändern, so ist Ihr Geist heute in einer anderen Stimmung als gestern – also sehen Sie alles auch mit anderen Augen.

Ein Garten ist der ideale Ort für achtsames Gehen, denn es handelt sich in der Regel um eine relativ ruhige Umgebung, was das Fokussieren erleichtert.

Überdies ist er voller Sinnesreize. Es gibt viel Schönes zu sehen, zu hören und zu riechen. Wenn Sie sich auf die sinnliche Erfahrung Ihres Gehens konzentrieren, dann ist es vermutlich angenehmer, süße Blüten zu riechen, Vögeln zuzuhören und die glitzernden Tautropfen im Gras zu bewundern, als den Gestank und Lärm des Verkehrs auf sich wirken zu lassen. Falls sich Ihr Garten auf eine Abordnung von Topfpflanzen auf der Fensterbank bzw. dem Balkon beschränkt oder so dicht bepflanzt ist, dass zum Gehen kein Platz ist, suchen Sie sich einen öffentlichen Garten oder Park. Ideal ist ein Gelände, auf dem man während der gesamten Übung in etwa in gleicher Geschwindigkeit gehen kann.

Wie alle Achtsamkeitsübungen sollte auch das achtsame Gehen eine angenehme Tätigkeit sein. Es gibt keinen Grund, auf eine bestimmte Weise zu gehen. (Allerdings kann die Konzentration auf die Körperbewegungen zunächst zu einer gewissen Unsicherheit führen, sodass man leichter stolpert.)

Versuchen Sie anfangs wenigstens einmal am Tag, achtsames Gehen in Ihren Tag zu integrieren, etwa beim ersten Weg in den Garten, und darauf aufzubauen. Wer kann, läuft barfuß – ein großer Vorteil des Gehens im eigenen Garten. Der direkte Kontakt mit dem Boden intensiviert die Empfindung der Gehbewegung. Dadurch ist man der Natur sowohl im konkreten als auch übertragenen Sinne näher.

Lesen Sie diesen Abschnitt ein paarmal durch, aber nehmen Sie das Buch beim Gehen nicht mit. Durch häufiges Üben mit gelegentlichem Nachschlagen vor jedem Gang werden sich die einzelnen Punkte bald in Ihrer Erinnerung festsetzen. Grämen Sie sich nicht, wenn Sie ein Detail vergessen – wichtig ist das allgemeine Verständnis der Grundsätze.

»Frage nicht, was das Geschick
morgen wird beschließen;
unser ist der Augenblick,
lass uns den genießen.«

*Friedrich
Rückert,*
Dichter

Die Gedanken sammeln

 Bevor Sie zu gehen beginnen, halten Sie einen Augenblick inne (siehe *An der Schwelle innehalten* auf Seite 55), um zu sehen, wo Sie sich befinden und vor allem, worauf Sie stehen. Verlagern Sie den Fokus nun auf Ihren Körper und fühlen Sie den Kontakt zwischen Ihren Füßen und dem Boden. Während Sie spüren, wie das Gewicht Ihres Körpers die Fußsohlen auf den Boden drückt, achten Sie auf die Verteilung des Gewichts. Stehen Sie eher auf den Fersen oder Zehen? Auf der Innen- oder Außenseite der Füße? Balancieren Sie sich einen Augenblick aus, damit Sie in etwa in der Mitte zwischen Ferse und Zehen sowie Innen- und Außenseite stehen.

 Beginnen Sie nun mit normaler Geschwindigkeit zu gehen. Bewahren Sie sich dabei aber Ihre Achtsamkeit gegenüber der Umwelt – also dem, was Sie sehen, hören und riechen. Nach etwa einer Minute können Sie sich auf die Bewegungen Ihres Körpers beim Gehen konzentrieren: die sich hebenden und nach vorn ausgreifenden Beine, die schwingenden Arme, vielleicht das leichte Drehen des Körpers, den Kopf und Nacken beim Betrachten der Umgebung. Es geht nicht darum, Ihre Art des Gehens zu verändern, sondern nur darum, die Körperbewegungen und den Kontakt mit dem Boden zu spüren.

 Verlagern Sie die Konzentration auf die Beine. Fühlen Sie einige Schritte lang, wie sich die Muskeln an- und entspannen. Spüren Sie, wie sich das Gewicht anfühlt, wenn Sie den Fuß von der Ferse zu den Zehen abrollen und dann vom Boden heben. Genießen Sie den Wechsel von Spannung und Entspannung zwischen beiden Beinen. Gehen Sie so lange mit dem Fokus auf den Sohlen weiter, wie es Ihnen gefällt. Falls Sie sich ablenken lassen, führen Sie Ihre Aufmerksamkeit sogleich wieder zurück auf das Spüren der Bewegung und das rhythmische Hin und Her zwischen linkem und rechtem Bein.

 Konzentrieren Sie sich weiter auf das Schreiten, aber nicht so sehr, dass Sie die Welt um sich herum vergessen. Hier geht es darum, die Aufmerksamkeit auf der Empfindung des Gehens ruhen zu lassen, damit Sie sich automatisch für Ihre Umgebung öffnen.

 Sind Sie am Ziel, ziehen Sie einen Schlussstrich unter die Erfahrung, statt Ihre Leistung zu analysieren. Getan, fertig, aus. Beenden Sie die Übung aber bewusst, anstatt gleich wieder zu vergessen, was Sie tun sollen. Mit anderen Worten: Hören Sie mitten in einer Achtsamkeitsphase auf, statt sich abzulenken und die Übung achtlos im Sande verlaufen zu lassen.

Wo meditieren im Garten?

Manchmal ist es besser, einfach nur dazusitzen und sich eine Weile auf seinen Atem zu konzentrieren, als den Geist über die Sinne zu verankern – und der Garten kann der ideale Ort dafür sein. Entscheidend ist, sich einen Platz zu suchen, an dem man so wenig wie möglich abgelenkt wird und sich am wohlsten fühlt, ob im eigenen Garten oder auf einer öffentlichen Grünfläche. Hier einige Tipps, die Sie an den richtigen Ort bringen.

Meditation im Garten

 Finden Sie einen Ort abseits ausgetretener Wege, besonders auf einer öffentlichen Fläche, damit Sie nicht von Menschen, Tieren oder einem Ihnen versehentlich zwischen die Beine fliegenden Ball gestört werden.

 Suchen Sie sich im Sommer einen Platz im Schatten und im Winter in der Sonne. Wenn es Ihnen während Ihrer Übung zu heiß oder kalt wird, lenkt das den Fokus vom Atem weg.

 Bei Regen ist ein geschützter Platz besser als ein exponierter. Falls Sie Angst vor Spinnen haben, sollten Sie sich nicht unbedingt ein überdachtes Fleckchen im Garten suchen. Am besten sitzt man unter einem großen Baum.

 Wer kann, setzt sich auf die Erde oder ins Gras statt auf eine von Menschenhand gemachte Sitzgelegenheit oder lehnt sich an einen Baumstamm. Ganz gleich, ob Sie an eine Lebenskraft glauben: Der Kontakt mit der Natur tut gut. Sie haben Angst, dass Sie sich Ihre Kleidung schmutzig machen? Eine Decke auf dem Boden ist noch immer besser als eine Sitzbank.

 Wenn Sie mit dem Garten oder Park besonders intensive Erinnerungen oder Gefühle verbinden, ist er vielleicht nicht der ideale Platz zum Meditieren. Die Rose aus dem Garten Ihres verstorbenen Großvaters im Blickfeld lenkt wahrscheinlich Ihre Aufmerksamkeit in eine bestimmte Richtung, wenn Sie die Augen schließen.

»An einem schönen Tag im Schatten zu sitzen und auf das Grün zu schauen ist die beste Erfrischung.«

Jane Austen,

Mansfield Park

Die Gemeinschaft der Gärtner

Obwohl der Schwerpunkt hier auf Ihren persönlichen Gartenerfahrungen liegt, so sind Gärten doch für viele ein Ort der Zuflucht und Heilung. Es fördert das geistige Wohlbefinden ungemein, wenn man nach draußen geht und Gleichgesinnte trifft.

Vielleicht möchten Sie dem örtlichen Gartenverein beitreten, eine Rolle in der Verwaltung Ihrer Schrebergartenanlage übernehmen oder sogar andere für das Gärtnern begeistern. Manchmal reicht schon ein Plausch über den Zaun mit dem Nachbarn. Ganz gleich, was Ihnen am ehesten liegt: Die Liebe für den Anbau von Pflanzen ist ein idealer Ausgangspunkt, um neue Freundschaften zu schließen.

Kapitel 3

Einen Achtsamkeitsgarten anlegen

Es gibt mehrere Möglichkeiten, einen Garten so zu gestalten, dass er aktive Achtsamkeit fördert und zugleich ein Ort eher passiver Entspannung ist. Dabei ist es unerheblich, ob man die Fläche völlig neu entwirft, nur einen Teil gestaltet oder sie nach und nach verändert und optimiert. Dieses Kapitel enthält Pflanzenempfehlungen. Sie erfahren außerdem, wie Sie Wasserelemente integrieren und Gärten tierfreundlich gestalten – ganz gleich, ob es sich um ein großes Stück Land oder nur ein Fensterbrett handelt. Bevor Sie sich aber über all das Gedanken machen, überlegen Sie zuerst, wozu Ihr Garten gut sein soll. Einen Achtsamkeitsgarten zu gestalten ist etwas anderes, als einen therapeutischen Garten anzulegen. Soll Achtsamkeit im Mittelpunkt stehen, braucht der Garten Pflanzen, die die Sinne anregen. Die folgenden Abschnitte enthalten Vorschläge, wie Sie Pflanzen integrieren, die jeden Sinn ansprechen – selbst wenn alle Sinne natürlich in Ihrem Gehirn interagieren. Außerdem kann auch eine Duftpflanze durchaus hübsche Blüten und Blätter mit schöner Textur haben.

Nicht zuletzt sollte Sie ein die Achtsamkeit fördernder Garten zufrieden machen. Denn er ist in erster Linie ein Garten für Sie – und vielleicht für Ihre Familie und Freunde. Er ist nicht für Nachbarn oder Passanten gemacht. Zwar ist es nicht ratsam, andere mit seinen Pflanzen gegen sich aufzubringen, etwa durch Setzen einer außer Kontrolle geratenen Leyland-Zypresse (× *Cuprocyparis leylandii*). Aber Sie allein müssen mit Ihrem Garten leben und ihn pflegen. Ein Garten ist ein sehr persönlicher Raum. Er soll kreative Talente entfachen oder zum Experimentieren animieren – oder beides. Integrieren Sie bestimmte Pflanzen nicht nur, weil sie in diesem Buch als achtsamkeits- fördernd beschrieben werden. Seien Sie vielmehr offen für Neues. Sie mögen vielleicht keine Fuchsien, doch enthält die Art eine so enorme Palette an Arten und Sorten in allen erdenklichen Formen und Größen mit einer noch größeren Auswahl an Blütenfarben, dass mit Sicherheit etwas für Sie dabei ist. Befassen Sie sich mit einer Pflanze und versuchen Sie dieses Geschöpf zu verstehen, bevor Sie seine Verwendung nur wegen seines Namens verwerfen.

Es gibt unzählige Möglichkeiten, sich Inspiration für den eigenen Garten zu holen. Je mehr Sie über Gärten lesen und sie besuchen, desto mehr Anregun- gen bekommen Sie für Ihr eigenes grünes Reich. Die Suche nach neuen Ideen muss auch gar nicht ins Geld gehen, denn es gibt genug Anlagen, die man kostenlos besichtigen kann. Gleichzeitig gibt es im Internet reichlich Garten- tipps und -fotos. Vermutlich werden sich Ihr Stil und Ihre bevorzugten Pflan- zen im Lauf der Jahre ändern – möglicherweise sogar von Saison zu Saison. Das geht völlig in Ordnung und ist überhaupt nichts Schlechtes: Veränderun- gen sind normal, und Neugier verhindert Stillstand.

Armenische Traubenhyazinthe
(*Muscari armeniacum*)

»Ziehet das Genie des Orts zu Rathe.«

Alexander Pope,
Dichter und Essayist

Pflanzen mit Bedeutung

Die Geschichte der Pflanzen ist so lang und komplex, dass ihre Namen im Lauf der Jahrhunderte besondere Bedeutung bekommen haben und zum Teil sogar die Gewächse selbst zu Symbolen geworden sind. Indem Sie das bei der Gestaltung Ihres Gartens berücksichtigen, können Sie auch ihm zusätzliche Bedeutung geben.

Zunächst zu den botanischen Namen. Manche sind rein beschreibend, andere wurden nach Persönlichkeiten, Ereignissen oder ihrer Herkunft benannt. Vielleicht haben manche davon auch für Sie Bedeutung, weshalb Sie die entsprechende Pflanze in Ihren Garten pflanzen möchten. So erinnern Sie bestimmte Arten möglicherweise an schöne Urlaubstage im Süden oder in den Bergen.

Dann gibt es die Sprache der Blumen. Wir alle wissen, dass rote Rosen ein Symbol für wahre Liebe und Lilien für Begräbnisse oder sogar den Tod sind. Aber wussten Sie auch, dass Zierlauch (*Allium*) für Wohlstand und Fenchel (*Foeniculum*) für Kraft steht? Andere haben eine spezielle Bedeutung. Der Judasbaum (*Cercis siliquastrum*) und die Eibe (*Taxus baccata*) etwa werden oft mit Friedhöfen in Verbindung gebracht.

Noch mehr Bedeutung haben für uns jedoch Pflanzen, die eng mit unserer persönlichen Geschichte verknüpft sind. Vielleicht möchten Sie Sommerjasmin (*Philadelphus*) in Ihrem Garten sehen, weil ihn Ihre Großmutter ebenfalls vor ihrem Haus hatte – womöglich ist Ihr Exemplar sogar ein Ableger davon. Gibt es eine schönere Erinnerung an sie? Andere Gewächse haben Sie eventuell als Geschenk bekommen oder zu besonderen Anlässen wie Geburten, Trauungen oder Todesfällen gepflanzt. So etwas sollte man nicht einfach außer Acht lassen, denn es verleiht einem Garten einen tieferen Sinn.

Lassen Sie sich Zeit

Sie haben vermutlich eine lange Liste von Pflanzen im Kopf, die Sie gern in Ihrem Garten hätten. Es ist allerdings besser, wenn Sie sich in Ihren Ambitionen etwas bremsen. Vergessen Sie nicht: Gärtnern fällt wesentlich leichter, wenn man mit der Natur statt gegen sie arbeitet. Sie haben wesentlich mehr Erfolg, wenn Sie in Ihrer Planung flexibel bleiben und den Eigenheiten sowie Mikroklimata Ihres Grundstücks Rechnung tragen, statt ihm Ihren Willen aufzuzwingen. Empfinden Sie die natürliche Umgebung Ihrer Pflanzen so gut wie möglich nach, und sie werden gedeihen. Pflanzen – und auch Menschen – werden unglücklich, wenn man sie zwingt, in einer Umgebung zu leben, die ihnen nicht behagt. Sie können Ihren Garten getrost mit dem Herzen gestalten, aber bepflanzen sollten Sie ihn mit dem Kopf – und dabei Praktisches nicht ganz außer Acht lassen.

Je länger Sie sich mit dem Anlegen Ihres Gartens befassen (im Grunde ist das ein Prozess, der nie zu Ende geht), desto mehr werden Sie ihn genießen können und desto leichter erkennen Sie, was funktioniert und was nicht. Dann können Sie Ihre Pläne entsprechend anpassen. Beim Gestalten eines Gartens verbringt man das erste Jahr idealerweise ausschließlich damit, das Stück Land zu beobachten. Was liegt im Sommer in der Sonne, was im Winter und was im Tageslauf? Welche Bereiche im Rasen sind nach Niederschlägen sumpfig, und warum ist gerade diese oder jene Ecke der Terrasse eine Wärmeinsel? Das so gewonnene Wissen ist unschätzbar, wenn es tatsächlich ans Anlegen von Beeten, Wegen und Pflanzungen geht.

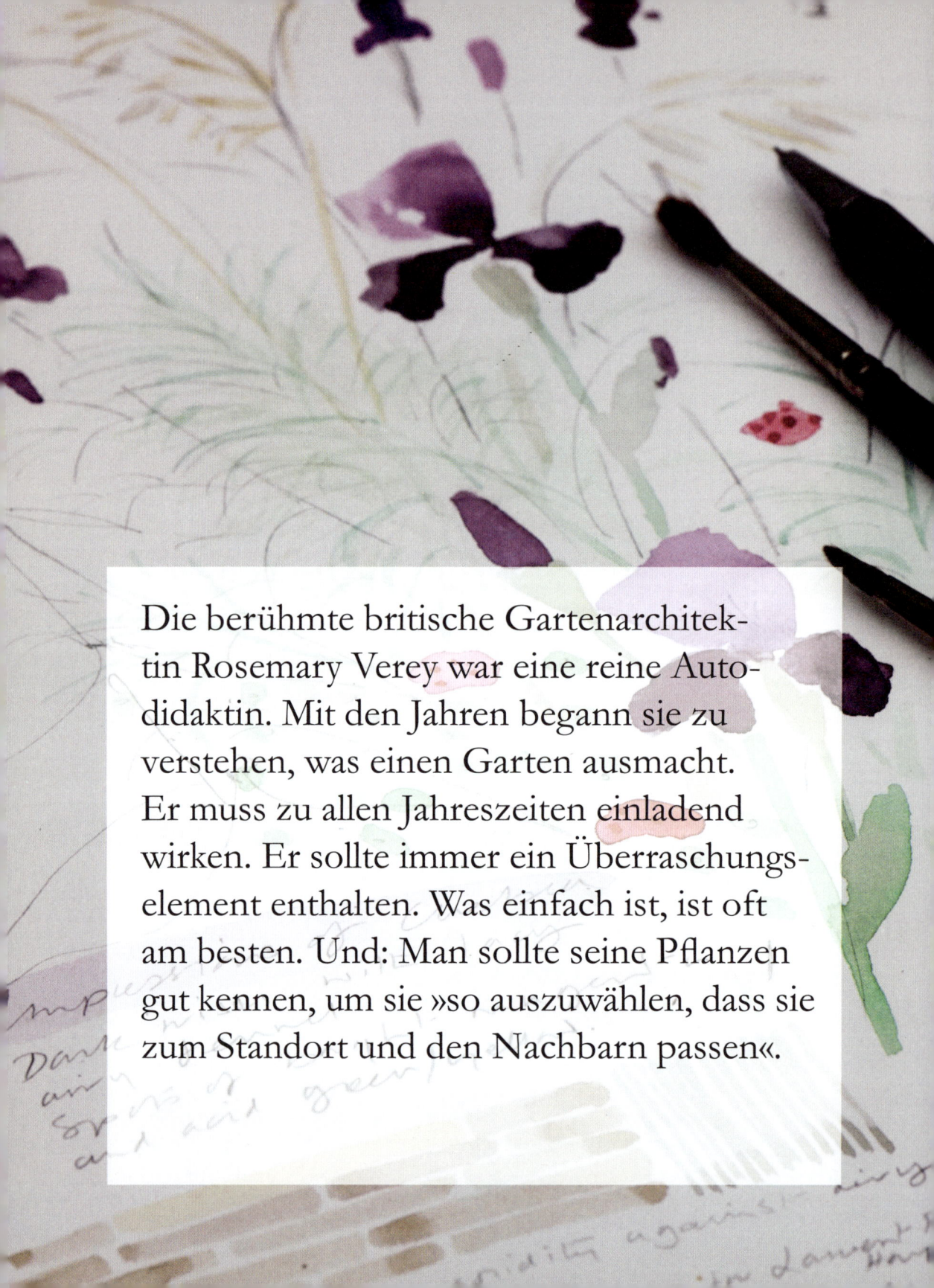

Die berühmte britische Gartenarchitektin Rosemary Verey war eine reine Autodidaktin. Mit den Jahren begann sie zu verstehen, was einen Garten ausmacht. Er muss zu allen Jahreszeiten einladend wirken. Er sollte immer ein Überraschungselement enthalten. Was einfach ist, ist oft am besten. Und: Man sollte seine Pflanzen gut kennen, um sie »so auszuwählen, dass sie zum Standort und den Nachbarn passen«.

Gestaltungsprinzipien

Wenn Sie das Glück haben, einen Garten völlig von Anfang an planen zu können, sollten Sie sich zunächst überlegen, wie Sie durch ihn hindurchgehen möchten. Die gesamte Anlage von der Terrassentür aus zu überblicken ist langweilig und bietet wenig Anreize, sich ans andere Ende zu wagen. Unterteilen Sie Ihren Garten lieber in einzelne Räume und kaschieren Sie manche Bereiche durch Bäume, Hecken, Rankgitter oder andere lebende Sichtbarrieren wie Zäune aus geflochtenen Weidenruten. Dann erschließt er sich erst nach und nach beim Durchstreifen – und man wird unterwegs immer wieder Neues sehen, riechen oder fühlen. Stellen Sie sich einfach vor, Sie planen eine Entdeckungsreise für Freunde: Wo möchten Sie, dass sie innehalten? Wo sollten sich zentrale Elemente befinden? Vergessen Sie nicht Orte zum Entspannen und Genießen, also etwa Bänke, Tische und Stühle oder einen Rasen für Sitzgelegenheiten. Sinnvoll sind ferner Bereiche für anderweitige Nutzung: Selbst wenn ein Fahrradschuppen oder Spielrasen im Moment nicht Ihr Ideal von einem Gartenelement ist, können sich die Bedürfnisse im Lauf der Jahre ändern. Zu guter Letzt sollte man berücksichtigen, dass man einen Garten nicht immer nur sieht, wenn man sich mittendrin befindet: Wie wirkt er vom Haus aus, ob vom Parterre oder einem oberen Stockwerk?

Wer sichergehen will, dass seine Entwürfe funktionieren, sollte sie aufzeichnen. Dazu müssen Sie kein Landvermessungsingenieur oder Künstler sein. Skizzieren Sie Ihre Vorstellungen einfach grob in einem Notizheft, das Sie im Lauf der Jahre beliebig um allerlei Einträge erweitern. Sie fühlen sich als Laie dazu nicht in der Lage? Niemand außer Ihnen ist Ihr Richter (und Achtsamkeit bringt den Kritiker in Ihnen für eine Weile zum Schweigen).

Fangen Sie klein an, wenn Sie unsicher sind, doch bedenken Sie: Selbst große Gartenarchitekten machen Fehler. Missgriffe sind möglich, bieten aber auch Chancen. Nutzen Sie sie, und machen Sie das Beste aus Ihrem Garten.

Pflanzen für die Sinne

Sehen

Professionelle Gartenarchitekten arbeiten mit allerlei optischen Tricks. Viele sind sehr einfach und lassen sich auch von Hausgartenbesitzern umsetzen. Dazu gehört zum Beispiel das Gruppieren von Gewächsen in ungerader Zahl, sofern man nicht gerade Zahlen für symmetrische Pflanzungen braucht, etwa eine Kletterpflanze zu beiden Seiten einer Tür. Zu Gruppen zusammengefasste Pflanzentypen machen einen Garten größer als ein Mischmasch von Einzelkämpfern. Einheitliches Aussehen erreicht man durch Wiederholungen. Dazu gehört das Pflanzen eines Strauchs an mehreren Stellen im Garten, das Platzieren der inzwischen zum Klassiker gewordenen Buchskugel (*Buxus*) in gleichmäßigen Abständen an der Vorderseite einer gemischten Rabatte oder das Betonen einer bestimmten Farbpalette in jeder Jahreszeit.

Farbe ist das offensichtlichste optische Element eines Gartens. Das bedeutet aber nicht, dass Achtsamkeit ein Farbendurcheinander braucht. Achtsam sein heißt vielmehr, selbst die winzigste Blüte, den Schattenwurf eines Blatts oder eine Rabatte orangefarbener Studentenblumen (*Tagetes*) zu sehen. Man kann einen Garten sogar ausschließlich aus Grünschattierungen komponieren. Farben können unser Empfinden stark beeinflussen – wie, das hängt jedoch von persönlichen Vorlieben ab. Kühle Farben wie Blau, Violett und Grün beruhigen und entspannen die einen und machen die anderen traurig. Eine Palette aus intensiven Rot-, Orange- und Gelbtönen erscheint manchen warm und einladend, anderen aggressiv. Jede Farbe hat zudem etliche Varianten. Funkien, die eher wegen ihres Laubs als ihrer Blüten gepflanzt werden, veranschaulichen die große Bandbreite innerhalb einer Farbe: Zwar sind alle grün, doch findet man auch gelbgrüne und blaugrüne Varianten.

Gelbe Königskerzen (*Verbascum*) und weiße Fingerhüte (*Digitalis*) geben dieser farbenfrohen Rabatte Höhe. Mit dabei sind außerdem *Artemisia, Knautia, Salvia* und *Sisyrinchium*.

»Schönheit liegt im Auge des Betrachters.«

David Hume,

Von der Grundregel des Geschmacks

»Am leuchtenden Sommermorgen
Geh ich im Garten herum.
Es flüstern und sprechen die Blumen,
Ich aber, ich wandle stumm.«

Heinrich Heine, Dichter

Damit ein Garten geräumig und kühl wirkt, sollte er nicht mehr als 20 Prozent warme Farben enthalten. Indem man sie im vorderen, hausnahen Bereich platziert und die kühlen nach hinten verbannt, vergrößert man ihn optisch. Will man ihn hingegen verkleinern, positioniert man warme Tönungen eher hinten. Wer nur abends zu Hause ist, sollte mehr Blüten in Weiß und anderen hellen Tönungen integrieren, da sie in der Dämmerung leichter zu sehen sind. Weißblütige Gewächse werden oft von nachtaktiven Insekten bestäubt und duften nur in der Dunkelheit. Außerdem haben nicht nur Blüten und Blätter, sondern auch Triebe und Stämme manchmal auffallende Farben.

Zu sehen gibt es jedoch neben Farben auch Formen. Wächst eine Pflanze aufrecht oder niederliegend, hoch oder gedrungen, überhängend oder fallend, bauschig oder schmal? Ist sie säulenförmig, dicht oder offen? Was für eine Form haben die Blätter – und Blüten? Wie ist ihre Textur (damit ist nicht gemeint, wie sie sich anfühlt; siehe Seite 95–97)? Wirkt sie kräftig oder feingliedrig, glänzend oder matt, grob oder weich? Verändert sie ihr Aussehen bei Licht oder Schatten? Wie bewegt sie sich?

Schließlich wird das Aussehen eines Gartens nicht nur durch einzelne Pflanzen geprägt, sondern auch durch das Zusammenspiel mit ihren Nachbarn und die Gesamtwirkung. Beim achtsamen Sehen nehmen Sie Ihren Garten sehr genau in Augenschein, weshalb dort auch viel zu sehen sein sollte. Die Pflanzen auf den nächsten Seiten gelten als außergewöhnlich »sehens«wert. Mit dabei sind einige mit besonders markanten Eigenschaften, die zu jeder Jahreszeit die Aufmerksamkeit auf sich ziehen, doch gibt es natürlich viele Hunderttausend andere, die zu pflanzen sich ebenfalls lohnt.

Optisch ansprechende Pflanzen

Für den Ziergarten
Bäume

Acer palmatum (Fächer-Ahorn)

Amelanchier lamarckii (Kupfer-Felsenbirne)

Arbutus unedo (Westlicher Erdbeerbaum)

Betula utilis var. *jacquemontii* (Weiße
    Himalaja-Birke)

Catalpa bignonioides (Gewöhnlicher
Trompetenbaum)

Fagus sylvatica fo. *purpurea* (Blut-Buche)

Von links nach rechts: *Passiflora caerulea*
(Blaue Passionsblume), *Acer palmatum*
(Fächer-Ahorn), Mangold 'Bright Lights'

Liriodendron tulipifera (Amerikanischer Tulpenbaum)

Nyssa sylvatica (Wald-Tupelobaum)

Prunus serrulata (Japanische Blütenkirsche)

Pyrus salicifolia 'Pendula' (Weiden-Birne)

Salix (Weide)

Kletterpflanzen

Clematis viticella (Italienische Waldrebe)

Humulus lupulus 'Aureus' (Gold-Hopfen)

Passiflora caerulea (Blaue Passionsblume)

Parthenocissus tricuspidata (Dreilappige Jungfernrebe)

Wisteria sinensis (Chinesischer Blauregen)

Sträucher

Artemisia ludoviciana (Weißer Beifuß)

Buddleja globosa (Kugel-Sommerflieder)

Callicarpa bodinieri var. *giraldii* 'Profusion' (Schönfrucht)

Camellia (Kamelien)

Cornus alba 'Sibirica' (Tatarischer Hartriegel), *C. kousa*
   var. *chinensis* (Chinesischer Blumen-Hartriegel)

Corylus avellana 'Contorta' (Korkenzieher-Hasel)

Hydrangea paniculata (Rispen-Hortensie)

Magnolia stellata (Stern-Magnolie)

Rubus thibetanus (Tibet-Himbeere)

Stauden, Gräser und Zwiebelpflanzen

Acanthus spinosus (Stachliger Akanthus)

Allium christophii (Sternkugel-Lauch)

Crocosmia 'Lucifer' (Montbretie)

Crocus (Krokusse)

Cyclamen coum (Vorfrühlings-Alpenveilchen),
   C. hederifolium (Herbst-Alpenveilchen)

Dahlia

Erigeron karvinskianus (Karwinskis Berufkraut)

Fritillaria meleagris (Schachblume)

Galanthus nivalis (Kleines Schneeglöckchen)

Helleborus niger (Schwarze Nieswurz)

Hemerocallis (Taglilien)

Heuchera (Purpurglöckchen)

Hosta (Funkien)

Houttuynia cordata 'Chameleon' (Houttuynie)

Iris

Meconopsis grandis (Großer Scheinmohn)

Phlomis russeliana (Russel-Brandkraut)

Pulsatilla vulgaris (Gewöhnliche Küchenschelle)

Sempervivum (Hauswurz)

Tulipa (Tulpen)

Ein- und Zweijährige

Amaranthus caudatus (Garten-Fuchsschwanz)

Brassica oleracea (Zierkohl)

Cleome (Spinnenpflanze)

Cosmos bipinnatus 'Purity' (Fiederblättriges
   Schmuckkörbchen)

Helianthus annuus (Gewöhnliche Sonnenblume)

Myosotis (Vergissmeinnicht)

Tagetes erecta (Hohe Studentenblume), *T. patula*
   (Gewöhnliche Studentenblume)

Thunbergia alata Susie-Serie (Schwarzäugige Susanne)

Für den Küchengarten
Bäume

Malus × *moerlandsii* 'Profusion' (Zierapfel)

Stauden

Angelica archangelica (Arznei-Engelwurz)

Cynara cardunculus (Kardy)

Cynara 'Green Globe' (Artischocke)

Rhabarber

Ein- und Zweijährige

Borago officinalis (Borretsch, Gurkenkraut)

Borlotti-Bohne 'Lingua di Fuoco 2'

Brokkoli 'Romanesco'

Calendula officinalis (Garten-Ringelblume)

Dicke Bohne 'Karmesin'

Mangold 'Bright Lights'

Rote Beete 'Chioggia'

Rotkohl 'Lodero'

Stangenbohne 'Cosse Violette'

Tropaeolum majus (Echte Kapuzinerkresse)

Zucchini 'Tromboncino d'Albenga'

Riechen

Wer seinen Gedanken nachhängt, sieht nur zu leicht, ohne zu schauen, und hört, ohne zuzuhören. Einen Duft zu ignorieren aber ist nicht so leicht. Stellen Sie sich vor, Sie laufen eine stark befahrene Straße entlang. Sie kommen gerade aus einem wichtigen Meeting, das nicht gut gelaufen ist, und grübeln über die möglichen Folgen nach. Sie sehen auf das Smartphone in Ihrer Hand oder hören Musik über Kopfhörer. Plötzlich nimmt ein Duft Ihre Aufmerksamkeit gefangen: ein Geißblatt (*Lonicera*). Sie bleiben stehen, um sich die Pflanze anzusehen, die einen Gartenzaun überwuchert hat. Dann nehmen Sie eine Blüte in die Hand und halten Sie an Ihre Nase, fühlen die weichen Blütenblätter und atmen tief ein. Sie hören die Bienen in den Blüten und die Änderung im Summton, wenn die Insekten dem Nektar entgegenkrabbeln. Sie sehen die kletternden Triebe und das weiche Grün der Blätter. In diesem Augenblick sind Sie völlig auf die Erfahrung Ihrer Sinne konzentriert. Alles andere ist ausgeklammert.

In allen Gärten gibt es irgendeine Art von Duftquelle. Innezuhalten und ihn zu genießen bietet die Gelegenheit, die Aufmerksamkeit auf die Gegenwart zu richten. Manchmal entkommen wir einem Geruch auch gar nicht. Er erfüllt die Luft und drängt sich uns auf, ob wir wollen oder nicht. Andere Düfte lassen sich nur aus nächster Nähe ergründen, etwa die zart honigartigen Nuancen der Krokusse. In manchen Fällen ist die Quelle eines Wohlgeruchs auch gar nicht auszumachen. Indem wir uns auf die Suche nach ihr machen, nehmen wir alle Pflanzen um uns erst so richtig wahr. Wieder andere Pflanzen hinterlassen ihren Duft an unseren Fingern und rufen uns den ganzen Tag über immer wieder in die Gegenwart zurück.

Ein duftendes Paar: die Rose 'Céline Forestier' und ein Geißblatt (*Lonicera*)

Unser Geruchssinn ruft weit stärker als Gesehenes oder Gehörtes starke Gefühle und insbesondere Erinnerungen hervor. Das hat einen Grund: Jener Teil unseres Gehirns, in dem die Verarbeitung von Gerüchen abläuft, ist eng mit den Regionen verbunden, die für Erinnerungen und Gefühle zuständig sind. Das kann in einem Achtsamkeitsgarten Fluch und Segen zugleich sein: Starke Düfte helfen uns zwar, fest auf die Gegenwart konzentriert zu bleiben, aber wenn sie Erinnerungen wachrufen, schweift der Geist leichter ab und verfällt ins Grübeln. Trotzdem sollte man bestimmte Duftpflanzen nicht allein deshalb meiden – man sollte sich nur ihrer besonderen Wirkung bewusst sein und den jeweiligen Gartenbereich meiden, wenn man sich an einem Tag besonders leicht ablenken lässt.

Der Duft im Garten kann sich aus Gerüchen verschiedenster Pflanzen zusammensetzen oder von einem dominiert werden. (Man gruppiert am besten nicht alle intensiv duftenden Gewächse in einer Ecke, da es sonst zu viel des Guten werden könnte.) Blütendüfte sind unverkennbar, setzen sich aber aus zahlreichen unterschiedlichen Elementen zusammen, die es zu entdecken gilt. Hinzu kommen die Gerüche der Blätter. Manche Pflanzen duften intensiver, wenn man sie berührt oder sich ihnen nähert, andere lässt man besser in Ruhe, damit sie die Luft mit ihrem Wohlgeruch erfüllen können.

Duftpflanzen neben Wege oder in die Nähe des Hauses zu pflanzen ist immer eine gute Idee. Das gilt vor allem für winterblühende Sträucher, in deren Nähe man ansonsten in einer verregneten Saison gar nicht kommt. Sommerdüfte sollten in einem Sitzbereich zu riechen sein oder sogar in die Sitzgelegenheiten selbst integriert werden, zum Beispiel in Form eines Kamillesitzes. Am besten eignet sich dafür *Chamaemelum nobile* 'Treneague', weil sie niedrig bleibt und nicht blüht. Kleine Pflanzen mit gutem Duft sollten gut erreichbar sein, gehören also in einen Topf oder zumindest an den Rand einer Rabatte.

Obwohl es oft die Blüten sind, die intensiv duften, sollte man die Blätter nicht außer Acht lassen – und das gilt nicht nur für Küchenkräuter. Das zerriebene Herbstlaub des Amerikanischen Amberbaums (*Liquidambar styraciflua*) riecht nach Mangos, das des Katsurabaums (*Cercidiphyllum japonicum*) nach Kandiszucker. Frisch gemähtes Gras, Sommerregen auf heißen Steinen und Basilikum (*Ocimum basilicum*) auf einer sonnenbeschienenen Fensterbank brauchen keinen großen oder dicht bepflanzten Garten. Natürlich sind Gartengerüche nicht immer angenehm. Von faulenden Pflanzenabfällen, einem Eimer mit stehendem Wasser oder einem Päckchen altem Dünger darf man keine ansprechenden Düfte erwarten. Sie müssen aber auch nicht gut riechen, um als Sinnesanker zu dienen, der die Gedanken zur Tätigkeit zurückführt, der man sich gerade gewidmet hat.

Auf den folgenden Seiten werden einige Duftpflanzen vorgeschlagen, doch gibt es noch viele mehr. Achten Sie auf Zusätze wie »odorata« oder »fragrantissima« im wissenschaftlichen Pflanzennamen, denn sie deuten darauf hin, dass die jeweilige Art duftet. Wenn Sie nicht sicher sind, ob Sie einen Duft mögen, treiben Sie die Pflanze auf, während sie blüht, dann können Sie vor Ort testen, ob er Ihnen behagt.

Duftende Pflanzen

Für den Ziergarten
Bäume
Calocedrus decurrens (Kalifornische Flusszeder)

Cercidiphyllum japonicum (Katsurabaum)

Cladrastis lutea (Kentucky-Gelbholz)

Liquidambar styraciflua (Amerikanischer Amberbaum)

Tilia (Linden)

Kletterpflanzen
Clematis (Waldreben)

Jasminum officinale (Echter Jasmin)

Lonicera periclymenum 'Graham Thomas', *L. p.* 'Heaven Scent' (Wald-Geißblatt)

Von links nach rechts: *Lathyrus odoratus* 'Black Knight' (Duftwicke), *Rosa* Gertrude Jekyll 'Ausbord', Tomaten, *Helichrysum italicum*, *Convallaria majalis* (Maiglöckchen)

Sträucher
Buddleja davidii (Sommerflieder)

Calycanthus floridus (Echter Gewürzstrauch)

Camellia (Kamelien)

Chimonanthus praecox (Chinesische Winterblüte)

Hamamelis (Zaubernüsse)

Helichrysum italicum (Italienische Strohblume)*

Lonicera fragrantissima (Wohlriechende Heckenkirsche)

Philadelphus 'Belle Étoile', 'Mexican Jewel' (Pfeifenstrauch)

Rosa Gertrude Jekyll 'Ausbord', *R.* Margaret Merrill ('Harkuly'), *R. rugosa* (Kartoffelrose), *R.* 'William Lobb'

Sarcococca confusa (Schleimbeere)

Styrax japonicus (Japanischer Storaxbaum)

Syringa meyeri 'Palibin' (Meyers Flieder)

Viburnum × bodnantense 'Charles Lamont' (Bodnant-Schneeball), *V. × juddii* (Judds Schneeball)

Stauden, Gräser und Zwiebelpflanzen

Cimifuga simplex Atropurpurea-Gruppe 'James Compton'

Convallaria majalis (Gewöhnliches Maiglöckchen)

Dianthus (Nelken)

Hyacinthus orientalis (Hyazinthe)

Lilium regale (Königs-Lilie), *Lilium* 'Muscadet'

Monarda didyma (Scharlach-Indianernessel)

Narcissus (Narzisse)

Phlox paniculata (Stauden-Phlox)

Viola odorata (März-Veilchen)

Ein- und Zweijährige

Hesperis matronalis (Weiße Nachtviole)

Lathyrus odoratus (Duft-Wicke)

Lobularia maritima 'Snowdrift' (Silberkraut)

Matthiola incana (Garten-Levkoje)

Nemesia 'Wisley Vanilla' (Nemesie)

Nicotiana sylvestris (Berg-Tabak)*

Für den Küchengarten
Bäume und Sträucher

Citrus (Zitrone und andere Zitrusarten)*

Lavandula angustifolia (Echter Lavendel)

Rosmarinus officinalis (Rosmarin)

Sambucus nigra (Schwarzer Holunder)

Stauden

Chamaemelum nobile 'Treneague' (Römische Kamille)

Melissa officinalis (Zitronen-Melisse)

Mentha × piperita (Pfeffer-Minze)

Pelargonium (Duftpelargonien)*

Thymus vulgaris (Echter Thymian)

Ein- und Zweijährige

Möhren

Ocimum basilicum (Basilikum)*

Tomaten

Nicht winterharte Pflanzen sind mit einem Stern (*) gekennzeichnet.

»Am Waldessaume träumt die Föhre,
Am Himmel weiße Wölkchen nur;
Es ist so still, dass ich sie höre,
Die tiefe Stille der Natur.«

Theodor Fontane,
Mittag

Hören

Obwohl man Gärten für friedliche, stille Refugien hält, spielt sich dort oft eine wahre Klangsinfonie ab, wenn man nur genau hinhört. Pflanzen, Tiere und das Wetter, alle steuern Geräusche bei. Selbst wenn sie manchmal leise und kaum zu hören sind, können sie uns als Sinnesanker dienen und unsere Aufmerksamkeit in die Gegenwart zurückführen.

Manchmal ist ein Garten auch erfüllt von unerwünschten Geräuschen wie dem Lärm lauter Nachbarn oder einer stark befahrenen Straße. Dichte Bepflanzung und bauliche Elemente können Lärm dämpfen und einen stillen Zufluchtsort zum Genießen schaffen. Als Erstes versucht man so viele Geräusche wie möglich zurückzuwerfen oder abzuleiten. Das gelingt durch Einfassen des Gartens mit Mauern und Zäunen. Weiche Flächen absorbieren die Schallwellen, die trotzdem noch bis in den Garten durchdringen. Bäume und Sträucher am Grundstücksrand bilden, vor allem wenn man sie zusätzlich unterpflanzt, einen dichten Lärmschutzwall, der viel schluckt. Pflanzen Sie nach Möglichkeit immergrüne Gewächse, die ganzjährig Schutz bieten.

Auch Rasen anstelle einer befestigten Fläche reduziert den Geräuschpegel. Dasselbe gilt für Kletterpflanzen an einer Hauswand zum Garten hin.

Eine weitere Möglichkeit ist die Installation von Geräuschquellen im Garten selbst. Sie überlagern unerwünschten Lärm von außen und sind etwas, auf das man sich konzentrieren kann. Doch sie dienen nicht nur dazu, unerwünschte Geräusche zu dämpfen, sondern sind auch eine ausgezeichnete Quelle angenehmer Klänge. Das Repertoire reicht von sanftem Gluckern bis hin zu lautem Plätschern. Selbst in winzige Innenhöfe passt noch ein Miniwasserbecken mit Springbrunnen. Je größer das Wasserelement, desto lauter das Geräusch. Das raschelnde Laub von Bäumen und Sträuchern wie der Amerikanischen Espe (*Populus tremuloides*) oder von Bambus sind gute Klangspender (siehe *»Klingende« Pflanzen* auf Seite 92–93). Wer Windspiele mag, kann sie ebenfalls in seinen Garten integrieren. Je mehr angenehme Klänge man zum Überdecken der unangenehmen nutzt, desto besser. Das gilt ebenso für das Gärtnern. Eine Arbeit von Hand zu erledigen ist leiser als der Einsatz von Maschinen. So können wir mehr von der Umwelt aufnehmen und hören nicht nur Motorenkrach.

Das Wetter hat enormen Einfluss auf Art und Stärke der Gartengeräusche. Die meisten Pflanzen werden durch den Wind zu Geräuschquellen. Er lässt Blätter rascheln, Samenstände klappern und bläst Früchte und Nüsse von den Ästen, sodass sie lautstark auf den Boden fallen. Manche bewegen sich »klangvoller« als andere, etwa Zitter-Pappeln (*Populus tremula*), Gräser und Bambus. Im Herbst und Winter kann abgefallenes Laub hochwirbeln oder beim Darübergehen und Hochwerfen rascheln. Das im Winter an den Ästen haftende Laub einer Hecke aus Buchen (*Fagus*) knistert die ganze kalte Jahreszeit hindurch leise, bis es im Frühjahr endgültig abfällt, um neuen Blättern Platz zu machen. Starker Wind kann Äste knarren oder gegen Zäune und Mauern schlagen lassen. Regen fällt geräuschlos – aber nur, bis er auftrifft. Lauschen Sie den Unterschieden zwischen starken Güssen und leichten

Schauern. Auch macht es einen Unterschied, ob die Tropfen auf einen Tisch, die Terrasse, Gras, Laub und nasse oder trockene Erde fallen.

Andere Pflanzen machen selbst vielleicht keine Geräusche, werden aber von allerlei lauten Insekten besucht, die den ganzen Tag (und manchmal auch die ganze Nacht) summen und zirpen. Wieder lohnt es sich, den unterschiedlichen Geräuschquellen zu lauschen, angefangen von zarten Schwebfliegen bis hin zu großflügeligen Libellen, Käfern und Fliegen, die alle ihr typisches Klangmuster haben. Eine große Hummel, die dicht an unserem Ohr vorbeifliegt, wenn man nicht mit ihr rechnet, hört sich fast so laut an wie ein Düsenjet. Wer auf den Gesang von Vögeln im Garten achtet, lernt die unterschiedlichen Arten zu erkennen. Vielleicht gehören Sie sogar zu den Glücklichen, die Frösche und Kröten im Unterholz oder Teich beherbergen dürfen. Hören Sie ihrem Quaken oder dem hohen Quietschen, mit dem sie Störungen missbilligend quittieren, einfach einmal bewusst zu.

Schließlich können auch wir selbst etwas beisteuern, etwa das Schnipsen der Gartenschere, das Kratzen des Rechens oder das Knacken einer Erbsenschote, die wir uns als Nascherei aus dem Gemüsegarten holen. Wege, Mauern und andere bauliche Elemente werden zu Instrumenten, wenn wir über sie hinweglaufen. Auf Pflaster erzeugen unsere Schritte ein Klacken, auf Kies ein Knirschen.

Je mehr Übung wir darin bekommen, uns im Garten achtsam zu verhalten, desto eher nehmen wir die vielen Wohlklänge der Natur wahr. Es bringt zunächst schon etwas, einfach nur ein, zwei Minuten still dazustehen und die Augen zu schließen. Indem wir den Gesichtssinn ausschalten, erhöhen wir automatisch die Empfindlichkeit unserer übrigen Sinne. Die Liste auf den folgenden Seiten enthält Pflanzen, die selbst besonders geräuschvoll sind. Wer dagegen Arten sucht, die Vögel und Insekten anlocken, findet sie auf Seite 112–114. Nicht winterharte Pflanzen sind mit einem Stern (*) gekennzeichnet.

»Klingende« Pflanzen

Für den Ziergarten
Bäume

Aesculus hippocastanum (Rosskastanie)

Populus tremula (Zitter-Pappel), *P. tremuloides*
(Amerikanische Espe)

Salix × sepulcralis 'Chrysocoma' (Goldene
Trauer-Weide)

Von links nach rechts: *Populus tremula* (Zitter-
Pappel) *Garrya elliptica, Aquilegia vulgaris*
(Gewöhnliche Akelei), *Nigella damascena, Miscan-
thus sinensis* 'Morning Light' (Silber-Chinaschilf)

Kletterpflanzen

Garrya elliptica (Spalier-Becherkätzchen)*

Ipomoea (Prunkwinden)*

Sträucher

Carpinus betulus (Gewöhnliche Hainbuche)

Corylus avellana (Gewöhnliche Hasel)

Fagus sylvatica (Rot-Buche – als Hecke)

Fargesia nitida (Fontänen-Schirmbambus)

Stauden, Gräser und Zwiebelpflanzen

Aquilegia vulgaris (Gewöhnliche Akelei)

Baptisia australis (Blaue Färberhülse)

Cortaderia selloana (Pampasgras)

Miscanthus sinensis 'Morning Light' (Silber-Chinaschilf)

Molinia arundinacea (Rohr-Pfeifengras)

Pennisetum alopecuroides (Lampenputzergras)

Stipa tenuissima (Engelhaar)

Ein- und Zweijährige

Briza maxima (Größtes Zittergras)

Digitalis purpurea (Roter Fingerhut)

Nigella damascena

Für den Küchengarten
Ein- und Zweijährige

Erbsen

Mais

Fühlen

Der Tastsinn ist der einzige Sinn, den wir an unserem gesamten Körper wahrnehmen können. Allerdings gibt es an manchen Stellen mehr Rezeptoren als an anderen, so etwa auf der Zunge, im Nacken sowie an Füßen und Händen. Unsere Fingerspitzen haben sehr viele Nervenenden – der Abstand zwischen ihnen beträgt dort nur etwa 3 mm. Auf unserem Rücken und anderen Körperteilen dagegen können sie bis zu 7 cm auseinanderliegen. Über unsere Haut registrieren wir Oberflächenbeschaffenheiten, Temperaturen und natürlich Druck und Schmerz. Wie bei Klängen im Garten kann es – vor allem am Anfang unseres Wegs zu mehr Achtsamkeit – sinnvoll sein, Pflanzen und andere Objekte mit geschlossenen Augen zu berühren. Denn wenn wir sie gleichzeitig ansehen, kann der Tastsinn in den Hintergrund gedrängt werden: Wer bereits sieht, dass etwas rau ist, braucht sich nicht mehr so sehr darauf konzentrieren, die Rauheit auch noch zu erfühlen. Dabei entgeht uns aber vielleicht, dass die Oberfläche dicht behaart ist und sich nur rau anfühlt, wenn man in einer Richtung darüberstreicht.

»Kein Grashalm wächst, ohne dass es mich interessiert.«

Thomas Jefferson,
Brief an Martha Jefferson, 23.12.1790

Viele Gartenpflanzen laden förmlich dazu ein, sie zu berühren. Nur zu gern streichen wir mit der Hand über Gräser oder die flaumig behaarten Blätter des Woll-Ziests (*Stachys byzantina*). Abblätternde, glatte oder knotige Borke, raue oder papierdünne Blätter, samtige Blütenblätter und selbst spitze Dornen erfühlen wir nur zu gern. Manchmal müssen wir zwar Schutzhandschuhe tragen, etwa bei den rauen Trieben des Kletten-Labkrauts (*Galium aperine*), die Kratzer auf der Haut hinterlassen können, oder bei der Großen Brennnessel (*Urtica dioica*), mit der wohl schon jeder schmerzhaft Bekanntschaft gemacht hat. Nach Möglichkeit sollte man aber Handschuhe weglassen, damit man die Beschaffenheit der Pflanzen uneingeschränkt spüren kann.

Andere Pflanzen wecken das Kind in uns. Die Blüten des Garten-Löwenmauls (*Antirrhinum majus*) öffnen sich beim Zusammendrücken wie der Schlund eines Raubtiers. Früher kam kaum jemand am Drüsigen Springkraut (*Impatiens glandulifera*) vorbei, das seine Samen bis zu 7 m weit wegschleudert. Weil es inzwischen aber als invasive Art gilt, sollte man sich heute verkneifen, es zu Salven zu animieren.

Manche Gewächse reagieren ihrerseits auf Kontakt. Die Mimose oder Sinnpflanze (*Mimosa pudica*) faltet ihre Blätter bei der geringsten Berührung zusammen wie eine schüchterne Debütantin, die plötzlich ins Rampenlicht gestoßen wird. Die Gelenkblume (*Physostegia virginiana*) hat ihren Namen bekommen, weil die Blüten gebogen werden können und ihre neue Stellung auch nach dem Loslassen beibehalten. Und die Venusfliegenfalle (*Dionaea muscipula*) klappt ihre Fangblätter wie Kiefer zusammen, sobald eine Fliege sie touchiert.

Wie bei Duftpflanzen sollte man besonders ertastenswerte Arten in Reichweite pflanzen, wenngleich stachelige bzw. dornige Exemplare neben Wegen nichts zu suchen haben. Viele Gräser sind ausgezeichnete »Schlusspunkte«

am Ende einer Rabatte. Andere Gewächse bleiben niedrig und sind daher eher etwas für Töpfe oder den vorderen Rand von Pflanzungen.

Bei der Auswahl eines Wegbelags sollte man sich überlegen, wie man darauf geht, und natürlich ebenso, wie der Belag aussieht. Wenn Sie gern im Gras liegen oder mit der Hand über seine weiche, federnde Oberfläche streichen, planen Sie eine Rasenfläche in Ihrem Garten mit ein — am besten an einer Stelle mit schattigen und sonnigen Bereichen, damit sie sich zwischen Kühle und Wärme entscheiden können. Wie fühlen sich unterschiedliche Oberflächen an? Brauchen Sie eine speziell gefertigte Bank als Sitzgelegenheit, oder tut es auch der alte Baumstumpf? Letzterer hat zumindest eine interessantere Oberflächenbeschaffenheit.

Wenn eine Pflanze besonders interessant für den Tastsinn ist, liegt die Ursache dafür oft in ihrer Anpassung an bestimmte Lebensräume. Fleischig weiche und daunig behaarte Blätter beispielsweise sind dazu da, den Wasserverlust auf ein Minimum zu beschränken. Durch Berühren eines Gewächses befassen wir uns näher mit ihm und lernen es zu verstehen, was uns wiederum zu besseren Gärtnern macht. Die auf Seite 98 und 99 aufgeführten Pflanzen haben pelzig behaarte Blätter, eine papierartige Borke oder seidige Blüten. Alle besitzen mindestens eine »fühlbare« Besonderheit, die unsere Aufmerksamkeit verdient. Nicht winterharte Pflanzen sind mit einem Stern (*) gekennzeichnet.

Pflanzen zum Anfassen

Für den Ziergarten
Bäume

Acer davidii (David-Ahorn), *A. griseum*
(Zimt-Ahorn)

Betula nigra (Schwarz-Birke)

Prunus serrula (Mahagoni-Kirsche)

Von links nach rechts: *Acer griseum* (Zimt-Ahorn), *Alchemilla mollis* (Weicher Frauenmantel), *Clematis vitalba* (Gewöhnliche Waldrebe), *Liatris spicata* (Ährige Prachtscharte), Palmkohl 'Cavolo Nero'

Kletterpflanzen

Clematis vitalba (Gewöhnliche Waldrebe),
C. 'Bill MacKenzie'

Sträucher

Euonymus alatus (Flügel-Spindelstrauch)

Hibiscus syriacus (Echter Roseneibisch)

Poncirus trifoliata (Bitterorange)*

Salix caprea (Sal-Weide)

Stauden, Gräser und Zwiebelpflanzen

Alchemilla mollis (Weicher Frauenmantel)

Cucurbita (Zierkürbisse)

Dionaea muscipula (Venusfliegenfalle)*
Liatris spicata (Ährige Prachtscharte)
Mimosa pudica (Sinnpflanze, Mimose)*
Pennisetum alopecuroides (Lampenputzergras)
Phlomis fruticosa (Strauchiges Brandkraut)*
Physostegia virginiana (Gelenkblume)
Salvia argentea (Silberblatt-Salbei)
Stachys byzantina (Woll-Ziest)
Stipa pennata (Echtes Federgras)

Ein- und Zweijährige

Antirrhinum majus (Garten-Löwenmaul)
Lagurus ovatus (Hasenschwanzgras)*
Limonium sinuatum (Strandflieder)*

Für den Küchengarten
Bäume und Kletterpflanzen

Weinreben
Kiwis*
Pfirsiche

Stauden

Meerkohl

Ein- und Zweijährige

Brokkoli 'Romanesco'
Knollenfenchel
Palmkohl 'Cavolo Nero'

Schmecken

Über den Geschmackssinn die Aufmerksamkeit zu fokussieren ist im Nutz-
garten naheliegend – ganz gleich, ob es sich um ein paar Gemüsebeete, einen
Pflanzsack oder nur ein paar Kräuter auf der Fensterbank handelt. Allerdings
sind auch viele Zierpflanzen essbar, weshalb man den Geschmackssinn in so
gut wie allen Gärten zum Einsatz bringen kann. Die Zunge erschmeckt neben
Süßem noch Saures, Salziges, Bitteres und Pikantes bzw. die schwer beschreib-
bare Geschmacksrichtung *umami*. Außerdem spürt man im Mund Heißes,
Kaltes und Texturen. Das Schmecken ist am engsten mit den anderen Sinnen
und insbesondere dem Geruch verknüpft, ja, es wird sogar größtenteils vom
Riechen bestimmt. Das kennt man vielleicht noch von Schulexperimenten, wo
man versuchen musste, etwas bei zugehaltener Nase zu erschmecken.

Fast jeder findet Platz, um Essbares anzubauen. Wer keinen Garten hat, stellt
eben Kräutertöpfe auf die Fensterbank. Auch Obst- und Gemüsepflanzen lassen sich oft in Gefäßen ziehen. Saatgut- und Pflanzenzüchter arbeiten bestän-
dig an neuen Sorten speziell für die Topfkultur. Denn sie haben erkannt, dass
viele gern etwas anbauen würden, aber nicht den Platz dazu haben.

>»Mein Freund, was brauchst du für das Glück
> Im Leben? Ist es nicht doch zumeist,
> All' Gut, das mühelos erlangt,
> Ein fruchtbar' Grund, ein stiller Geist?«

Henry Howard,
Wie man ein glückliches Leben führt

Viele Gemüse- und Kräuterpflanzen lassen sich problemlos aussäen und damit preiswert heranziehen. Viel diskutiert wird, ob Selbstgezogenes besser schmeckt als Gekauftes. Wahrscheinlich nicht immer – bei Zwiebeln dürfte es unerheblich sein, ob sie aus dem eigenen Garten oder dem Supermarkt stammen. Anderes Gemüse hingegen ist frisch geerntet und gegessen zweifellos schmackhafter. Von besonderer Bedeutung allerdings ist für den achtsamen Gärtner, dass der Verzehr von selbstgezogenem Obst und Gemüse vermutlich achtsames Essen fördert. Damit ist gemeint, dass man sich auf das Essen und Schmecken konzentriert, statt es vor dem Fernseher zu futtern. Wir wollen es nicht in uns hineinstopfen, sondern genießen, denn wir haben Zeit und Mühe in seinen Anbau gesteckt. Essbares im Garten wachsen zu sehen bietet außerdem eine weitere Gelegenheit, unsere Aufmerksamkeit über die Sinne auf die Gegenwart zurückzulenken. Denn wenn wir im Obst- und Gemüsegarten jäten und unsere Gedanken zu wandern beginnen, holt der Geschmack einer perfekt ausgereiften, von der Sonne erwärmten Erdbeere den Geist auf eine ganz köstliche Art und Weise ins Hier und Jetzt zurück.

Obst und Gemüse braucht nicht unbedingt einen klar abgegrenzten Raum im Garten. Man kann es auch in Zierpflanzungen integrieren. Ein Stangenzelt mit Kletterbohnen beispielsweise gibt einer Rabatte Höhe. Ziersträucher lassen sich gut durch Obstbüsche ersetzen. Besonders Heidelbeeren haben neben Früchten und Blüten auch ansehnliches Herbstlaub zu bieten. Versuchen Sie außerdem Sommerblumen durch Gemüsepflanzen zu ersetzen. Zum Glück sind Kräuter nicht nur in der Küche von Nutzen, sondern haben auch einen hohen Zierwert. Mit etwas Planung und einer gekonnt ausgewählten Palette aus Pflanzen, die zugleich gut aussehen und schmecken (siehe *Schmackhafte Pflanzen* auf Seite 104–105), kann man Beete und Rabatten anlegen, die vor Köstlichkeiten nur so strotzen und alle paar Zentimeter mit Naschereien locken. Aber heben Sie auch etwas für die Küche auf!

Gaumenfreuden bieten neben den üblichen Nutzpflanzen und einigen Ziergewächsen auch viele Unkräuter. Oft müssen sie allerdings vorher gekocht werden und eignen sich daher nicht als Anker für die Sinne. Die Blütenblätter des Gänseblümchens (*Bellis perennis*) kann man in Salate streuen, der Weiße Gänsefuß (*Chenopodium album*) und die Brennnessel (*Urtica dioica*) lassen sich wie Spinat zubereiten, und die Blüten des Löwenzahns (*Taraxacum* sect. *Ruderalia*) liefern ein köstliches Gelee. (Mehr über die Verwendung essbarer Kräuter in der Küche unter *Quellen* auf Seite 218.)

Auf den nächsten Seiten sind nur diejenigen Pflanzen aufgelistet, die sich direkt im Garten roh essen lassen. Was unter Ziergärten aufgeführt ist, hat essbare Blüten (Blü), Früchte (Fr) oder roh genießbare Blätter (Blä). Natürlich gibt es noch unzählige weitere schmackhafte Zierpflanzen, die jedoch gekocht werden müssen – mehr dazu unter *Quellen* auf Seite 218. Allerdings sollte man wirklich sicher sein, dass das, was man in den Mund steckt, auch tatsächlich essbar ist, denn es gibt viele giftige Gartenpflanzen, wenngleich sie in kleinen Mengen selten die Gesundheit schädigen. Schwangere oder Kranke sollten sich erkundigen, was für sie unbedenklich ist. Bei allen Küchenkräutern kann man sowohl die Blüten als auch die Blätter verzehren. Nicht winterharte Pflanzen sind mit einem Stern (*) gekennzeichnet.

Schmackhafte Pflanzen

Für den Ziergarten
Schlüssel:

(Blü) = essbare Blüten

(Fr) = essbare Früchte

(Blä) = essbare Blätter

Bäume

Amelanchier (Felsenbirne) (Fr)

Syringa vulgaris (Garten-Flieder) (Blü)

Kletterpflanzen

Akebia quinata (Fingerblättrige Akebie) (Fr)

Von links nach rechts: *Centaurea cyanus* (Kornblume), *Acca sellowiana* (Feijoa), Walnüsse, Kirschen, *Perilla frutescens* (Sesamblatt)

Sträucher

Acca sellowiana (Feijoa) (Blü)*

Fuchsia (Fuchsien) (Fr) (teilweise*)

Lonicera caerulea (Blaue Heckenkirsche) (Fr)

Rubus phoenicolasius (Japanische Weinbeere) (Fr)

Stauden, Gräser und Zwiebelpflanzen

Agastache foeniculum (Anis-Duftnessel) (Blä)

Alcea rosea (Bauerngarten-Stockrose) (Blü, nur die Blütenblätter)

Campanula versicolor, C. persicifolia, C. latifolia (Glockenblumen) (Blä)

Chrysanthemum (Chrysanthemen) (Blü)

Dianthus (Nelken) (Blü)

Gladiolus (Gladiolen) (Blü, nur die Blütenblätter)

Hemerocallis (Taglilien) (Blü)

Monarda didyma (Scharlach-Indianernessel) (Blä, Blü)

Nepeta cataria (Katzenminze) (Blü)

Phlox paniculata (Stauden-Phlox) (Blü)

Primula vulgaris (Kissen-Primel) (Blü)

Sanguisorba minor (Kleiner Wiesenknopf)
   (junge Blä)

Tulipa (Tulpen) (Blü)

Ein- und Zweijährige

Calendula officinalis (Garten-Ringelblume)
   (Blü)

Centaurea cyanus (Kornblume) (Blü)

Impatiens walleriana (Fleißiges Lieschen) (Blü)*

Oenothera biennis (Nachtkerze) (Blü)

Perilla frutescens (Sesamblatt) (Blü, Blä)*

Salvia sclarea (Muskateller-Salbei) (Blü)

Tropaeolum majus (Kapuzinerkresse) (Blü, Blä)*

Viola (Veilchen) (Blü)

Für den Küchengarten
Bäume und Kletterpflanzen

Äpfel

Aprikosen

Feigen

Haselnüsse

Kirschen

Pfirsiche und Nektarinen

Pflaumen

Walnüsse

Weintrauben

Stauden

Brombeeren und Hybridbeeren

Erdbeeren

Heidelbeeren

Himbeeren

Johannisbeeren (schwarz, rot und weiß)

Ein- und Zweijährige

Blattsalate

Erbsen

Gurken

Mexikanische Minigurken*

Möhren

Rettiche (und ihre Samenstände)

Tomaten*

Zucker- und Zuckermarkbsen

Achtsames Gärtnern für Tiere

Warum ein Achtsamkeitsgarten tierfreundlich ist

Sich Zeit zu nehmen und die Tiere im Garten zu beobachten ist eine ausgezeichnete Achtsamkeitsübung. Wir können unsere Aufmerksamkeit auf die Vögel in einem Vogelhäuschen, die von Blüte zu Blüte summenden Bienen oder den hin und her gaukelnden Schmetterling richten und in diesen Augenblicken völlig präsent sein im Garten. Durch das Beobachten von Tieren fühlen wir uns inniger mit der Welt um uns herum verbunden und spüren, dass unser Grün Teil der natürlichen Umgebung ist. Wir sehen, wer zu den jeweiligen Jahreszeiten kommt und geht und interpretieren die ersten Besucher als Frühlingsboten. Je mehr tierfreundliche Pflanzen wir kultivieren, desto größer ist die Vielfalt an Vögeln, Bienen, Käfern, die wir anlocken. Sie zu bestimmen verbindet uns noch stärker mit unserem Garten.

»Manchmal sitze ich da und denke, und manchmal sitze ich einfach nur da.«

Autor unbekannt,
Punch (Britisches Satiremagazin), 1906

Ein Großer Kohlweißling *(Pieris brassicae)* auf Echtem Lavendel *(Lavandula angustifolia)*

Vögel und Bienen zu beobachten kann faszinierend sein. Die Hackordnung am Vogelhäuschen ... die dicht mit Blütenstaub bepackte Biene ... die Wespe, die Holz für ihr Nest abraspelt ... all das und noch viel mehr fängt unsere Aufmerksamkeit nicht lediglich ein, sondern fesselt sie für längere Zeit, ohne dass wir an etwas anderes denken. Und das Beste: Diese Art von Unterhaltung gibt es völlig kostenlos, 24 Stunden am Tag, sieben Tage die Woche. Wir müssen dafür nichts weiter tun als dazusitzen oder -stehen und zuzusehen.

Wer genug Platz hat, richtet sich einen Aussichtspunkt ein, von dem aus er die Tierwelt ausspähen kann, aber von ihr nicht entdeckt wird. Das kann ein Stuhl neben einer Gartentür oder in einer Laube sein. Halten Sie Abstand zu Vogelhäuschen, damit die gefiederten Besucher nicht aus Scheu fernbleiben (allerdings werden sie sich mit der Zeit etwas an Sie gewöhnen). Achtsame Augenblicke gönnen Sie sich ferner, wenn Sie ein Vogelhäuschen oder Vogelbad vom Haus aus beobachten, während Sie z. B. darauf warten, dass das Wasser kocht.

Bienen, Schmetterlinge und andere Insekten sind weniger scheu und lassen sich gut aus nächster Nähe beobachten. Dazu muss man nur an die Blüten herankommen. Wer sich nicht so gut bücken oder hinknien kann, stellt eine Bank mit einem Pflanzgefäß auf oder platziert eine Sitzgelegenheit zwischen einem Arrangement großer Töpfe. Wenn man sie mit Gewächsen bestückt, die Insekten anlocken, sitzt man bei der Show praktisch in der ersten Reihe.

Sie als interessierter Beobachter *und* Gärtner profitieren von einem festen Stamm von Gartenbewohnern oder zumindest regelmäßigen Besuchern. Denn je größer die Vielfalt an Tieren, desto höher die Wahrscheinlichkeit, dass unter ihnen ein Nützling ist, der sich über Schädlinge hermacht. Vögel, Marienkäfer und Schwebfliegen (vor allem deren Larven) vertilgen Blattläuse in rauen Mengen. Schnecken sind für Kröten, Vögel und Igel ein Leckerbissen. Ein solcher natürlicher Schädlingsbekämpfungstrupp macht die chemische Keule fast oder völlig überflüssig – was sehr gut ist, da sie auch Nützlinge trifft. Ganz nebenbei leisten Bienen und andere Insekten wertvolle Bestäuberdienste. Das erhöht ihren Obst- und Gemüseertrag und fördert die Bildung interessanter Samenstände.

Ein im Wind tanzender Kohlweißling ist ein hübscher Anblick, ein Kohlweißling auf dem Kohlkopf nicht. Schützen Sie Ihre Pflanzungen mit den Barrieren oder Abschreckungsmechanismen, die Sie für notwendig halten, um genug ernten zu können. Aber denken Sie auch dran: Ein gesundes, vielfältiges Ökosystem aus Räubern und Beute ist nur möglich, wenn man ein bisschen Schäden an seinen Pflanzen in Kauf nimmt.

Sie können Bäume, Sträucher, Stauden und Einjährige pflanzen, die Tiere anlocken (auf den nächsten Seiten finden Sie Listen mit Gewächsen für Vögel, Bienen und Schmetterlinge). Doch es gibt noch weitere Strategien, um Tieren in einem Garten ein Zuhause zu bieten (siehe nächste Seite).

Achtsam sein mit Tieren

 Setzen Sie nach Möglichkeit weder Pestizide noch andere chemische Bekämpfungsmittel ein, vor allem nicht bei Blütenpflanzen. Schneckenkorn (und die daran eingegangenen Schnecken) sind für Igel und Amphibien giftig. Verzichten Sie daher auf das Gift.

 Vögel brauchen Nistkästen und eine Wasserquelle (z. B. ein Vogelbad). Gut sind außerdem Futterstationen mit Nüssen und Samen. Gute Dienste leisten sie im Winter und an kalten Frühjahrstagen, wenn wenig Käfer unterwegs sind, die als Nahrung dienen, die Jungen aber bereits die Schnäbel aufsperren. Orientieren Sie sich beim Füttern an den Wetterbedingungen und nicht den Jahreszeiten. Lassen Sie Samenstände den Winter über stehen, damit sich die Vögel selbst bedienen können.

 Alte Bambusstäbe oder Insektenhotels sind eine Nisthilfe für Solitärbienen. Bienen brauchen viel Sonne, weshalb man Bienenweiden in großen Gruppen an den sonnigsten Platz im Garten pflanzt, damit die Bienen leichter von einer Blüte zur anderen gelangen, statt lange im Garten herumsuchen zu müssen.

 Lassen Sie etwas Fallobst als Futterquelle für Schmetterlinge und andere Tiere unter Bäumen liegen.

 Hängen Sie Fledermauskästen in den Garten oder lassen Sie alte, hohle Bäume stehen, falls dadurch niemand gefährdet wird.

 Fledermäuse lassen Pflanzen in Ruhe, tun sich aber an den Insekten auf ihnen gütlich. Helle Blüten locken bei Dunkelheit mehr Falter und nächtliche Bestäuber an als dunklere Pflanzen. Integrieren Sie also einige in Ihre Arrangements – die Fledermäuse werden es Ihnen danken.

 Lassen Sie eine Ecke oder einen Fleck in Ihrem Garten verwildern. Was nicht gepflegt wird, ist das ideale Zuhause für Käfer und andere Insekten. Auch die Stängel von Stauden, die man den Winter über im Garten stehen lässt, sind ein guter Unterschlupf für viele Insekten. Abgeschnitten werden müssen sie erst vor dem Neuaustrieb im Frühjahr. Schmetterlinge legen gern ihre Eier in Gartenunkräuter wie Brennnesseln, Ampfer und Disteln. Wer sie stehen lässt, bekommt auch mehr Falter zu sehen.

In einem offenen Komposthaufen finden sich mehr Tierarten als in einem geschlossenen – sogar Blindschleichen verkriechen sich darin. Mit seinen vielen Insekten ist er außerdem ein reich gedeckter Tisch für Fledermäuse. Werfen Sie aber keine Essensreste hinein, denn sie locken Ratten an.

 Lassen Sie ein paar Laub- und Zweighaufen für Igel liegen, statt sie zu entsorgen oder zu verbrennen, was vielerorts sowieso verboten ist.

 Richten Sie einen Tierkorridor durch Ihren Garten ein, indem Sie kleine Löcher in der Begrenzung lassen, z. B. im Zaun. So haben Igel freie Bahn. Sie können den Zaun auch gleich ganz entfernen und stattdessen eine Hecke aus einheimischen Arten pflanzen, die Tieren Beeren, Nüsse und Unterschlupf bieten.

 Ein Wasserelement lockt besonders viele Tiere in den Garten (siehe *Wasser im Achtsamkeitsgarten* auf Seite 116–120).

 Mehr über das Anlocken von Bienen in den Garten erfahren Sie in den Lektürevorschlägen unter *Quellen* auf Seite 218.

Die auf den folgenden Seiten empfohlenen Pflanzen eignen sich für normale Hausgärten. In »Naturgärten« würde man vielleicht noch weitere Arten finden, die jedoch vor allem in einem Kleingarten auch als Unkräuter eingestuft werden können, z. B. die Brombeere (*Rubus* sect. *Rubus*). Manche tierfreundlichen Pflanzen gelten inzwischen als invasiv, etwa der Sommerflieder (*Buddleja davidii*), dessen kleine Samen sich rasch verbreiten. Sie besiedeln mitunter Naturräume und verdrängen dadurch einheimische Pflanzenarten. Gefährdet ist beispielsweise Magerrasen, in dem sich viele seltene Wirbellose tummeln. Während Schmetterlinge auch auf anderen Pflanzen Nahrung finden, sind andere Wirbellose weniger mobil.

Pflanzen für Vögel

Abkürzungen:

(B) = Beeren- und andere Obstpflanzen

(N) = Nistgelegenheiten und Schutz

(S) = Samen- und Nusslieferanten

Alnus glutinosa (Schwarz-Erle) (S)

Berberis (Berberitze) (B, N)

Betula pendula (Hänge-Birke) (S)

Cornus mas (Kornelkirsche), *C. sanguinea* (Blutroter Hartriegel) (B)

Cotoneaster (Zwergmispel) (B)

Crataegus monogyna (Eingriffliger Weißdorn) (B, N)

Daphne mezereum (Seidelbast) (B)

Dipsacus fullonum (Karde) (S)

Euonymus alatus (Flügel-Spindelstrauch) (B, N)

Von links nach rechts: *Alnus glutinosa* (Schwarz-Erle), Amsel (*Turdus merula*) mit Hagebutten, *Pulmonaria officinalis* (Echtes Lungenkraut), *Colchicum autumnale* (Herbst-Zeitlose)

Hedera helix (Gewöhnlicher Efeu) (B, N)

Helianthus annuus (Gemeine Sonnenblume) (S)

Ilex aquifolium (Gemeine Stechpalme) (B, N)

Knautia arvensis (Wiesen-Witwenblume) (S)

Ligustrum ovalifolium (Wintergrüner Liguster) (B, N)

Lonicera periclymenum (Wald-Geißblatt) (B, N)

Mahonia (Mahonien) (B)

Malus (Zieräpfel) (B)

Photinia davidiana (Funkenblatt) (B)

Prunus avium (Süß-Kirsche) (B, N)

Pyracantha (Feuerdorn) (B)

Rosa canina (Hunds-Rose), *R. moyesii*, *R. rugosa* (Kartoffel-Rose) (B)

Sambucus nigra (Schwarzer Holunder) (B, N)

Sorbus aria (Gewöhnliche Mehlbeere), *S. aucuparia* (Vogelbeere) (B, N)

Succisa pratensis (Gewöhnl. Teufelsabbiss) (S)

Taxus baccata (Europäische Eibe) (B)

Viburnum betulifolium; V. lantana; V. opulus (Gewöhnlicher Schneeball) (B)

Pflanzen für Bienen

Zahllose Pflanzenarten dienen Bienen als Nektarquelle. Die Liste enthält nur eine Auswahl der besten Bienenweiden. Als Faustregel gilt: Einfache, ungefüllte Blüten sind besser als gefüllte, die mit ihren vielen Blütenblättern den Zugang zur Nektarquelle in der Mitte erschweren.

Ajuga reptans (Kriechender Günsel)

Aquilegia vulgaris (Gemeine Akelei)

Aster novae-angliae (Raublatt-Aster)

Borago officinalis (Einjähriger Borretsch)

Calamintha nepeta (Drüsige Bergminze)

Chaenomeles (Zierquitten)

Colchicum (Zeitlose)

Cosmos bipinnatus (Fiederblättriges Schmuckkörbchen)

Crocus (Krokus)

Digitalis (Fingerhut)

Dahlia (ungefüllte Formen)

Echinops (Kugeldistel)

Eryngium (Mannstreu)

Erysimum 'Bowles's Mauve' (Goldlack)

Fuchsia

Geranium (Storchschnabel)

Helenium (Sonnenbraut)

Lavandula angustifolia (Echter Lavendel)

Lonicera × purpusii (Winter-Heckenkirsche)

Mentha (Minze)

Nepeta cataria (Gewöhnliche Katzenminze)

Primula veris (Echte Schlüsselblume), *P. vulgaris* (Kissen-Primel)

Prunus (Kirschen, Pflaumen und andere)

Pulmonaria officinalis (Echtes Lungenkraut)

Salvia (Salbei)

Sarcococca confusa

Tropaeolum majus (Echte Kapuzinerkresse)

Viburnum tinus (Immergrüner Schneeball)

Pflanzen für Schmetterlinge

Die hier aufgelisteten Pflanzen sind gute Nektarlieferanten für Schmetterlinge. Immer empfehlenswert sind Doldenblütler, da sie nicht nur nektarreiche Blüten tragen, sondern auch eine gute Landefläche bieten. Viele Arten der Bienenliste auf Seite 113 eignen sich ebenfalls als Schmetterlingsweide.

Achillea (Garbe)
Astrantia major (Große Sterndolde)
Aurinia saxatilis (Felsen-Steinkresse)
Bergenia (Bergenien)
Buddleja alternifolia (Schmalblättriger Sommer-
    flieder), *B. globosa* (Kugel-Sommerflieder)
Calluna (Heidekraut)
Caryopteris × clandonensis (Clandon-Bartblume)

Von links nach rechts: *Zinnia elegans*, *Astrantia major* (Große Sterndolde), Kleiner Perlmuttfalter (*Issoria lathonia*) auf einem Grindkraut (*Scabiosa*)

Centaurea (Kornblume)
Centranthus ruber (Rote Spornblume)
Cimifuga simplex (Oktober-Silberkerze)
Cynara cardunculus (Kardy)
Dianthus barbatus (Bart-Nelke)
Erica (Erika)
Erysimum cheiri (Goldlack)
Heliotropium (Sonnenwende)
Hesperis matronalis (Gewöhnliche Nachtviole)
Matthiola incana (Garten-Levkoje)
Nicotiana alata (Flügel-Tabak)
Prunus laurocerasus (Kirschlorbeer)
Scabiosa (Grindkraut, Skabiose)
Sedum (Fetthenne)
Solidago (Goldruten)
Spiraea japonica (Japanischer Spierstrauch)
Tagetes erecta (Hohe Studentenblume)
Verbena bonariensis, *V. hastata*
    (Lanzen-Verbene)
Zinnia elegans (Garten-Zinnie)

Wasser im Achtsamkeitsgarten

Wasser hat in einem Garten beruhigende Wirkung. Viele Menschen empfinden Plätschern als entspannend. Es kann andere, unangenehmere Geräusche überdecken (siehe Seite 90). Wasser als reflektierende Fläche erweitert das Licht im Garten um eine neue Dimension. Zudem gibt es auf jedem noch so kleinen Teich etwas zu sehen, etwa Lichtreflexe auf der kräuselnden Oberfläche ... die Ruderwanze *Corixa punctata* ... einen Fisch, der träge nach oben gleitet, um sich eine Fliege zu schnappen ... eine frisch geschlüpfte Kaulquappe ... oder eine Seerose (*Nymphaea*), die beschaulich auf dem Wasser wippt. Wasser lässt uns still und aufmerksam werden. Es hält uns zur Achtsamkeit an.

Aus philosophischer Sicht erinnert uns Wasser an unsere Verbindung mit der Welt: Es sagt uns, dass wir zum Großteil aus ihm bestehen und dass es sich seit Millionen Jahren in einem konstanten Kreislauf um die Welt befindet. Wenn wir uns vergegenwärtigen, wie alt das Wasser ist, das wir beobachten, werden wir bescheiden. Es eine gewisse Zeit lang zu betrachten oder ihm zuzuhören schenkt uns eine geistige Klarheit, die der des Wassers nicht nachsteht.

Ein Wasserelement im Garten ist für die Tierwelt von enormem Nutzen. Vögeln und Insekten dient es als Tränke, doch lockt es auch allerlei Wassertiere wie Frösche, Kröten und Molche an. Sie bereichern das Ökosystem des Gartens und stehen Ihnen bei der Schädlingsbekämpfung zur Seite. Vor allem Amphibien sind Meister im Einsammeln von Schnecken.

Platz für Wasser ist im kleinsten Garten. Nicht jeder hat genug Fläche für einen großen Teich, aber schon ein Vogelbad kann sich lohnen. Außerdem müssen Gewässer nicht groß sein: Wo Platz für einen Eimer ist, ist auch Platz für einen Miniteich. Für Kleinstgewässer muss man nicht einmal ein Loch graben: Hochteiche sind fast überall möglich. Man kann Sitzgelegenheiten und Beete um sie arrangieren und der Natur im Teich so näherkommen.

Welcher Teich soll's denn sein?

Im Grunde kann jedes wasserdichte Gefäß zum Teich umfunktioniert werden. Idealerweise ist es mindestens 20–30 cm hoch, damit ein paar Wasserpflanzen hineingesetzt werden können und auch bei Hitze noch genug kühles Wasser für Kleingetier am Boden vorhanden ist. Ein Gewässer mit einer wechselnden Tiefe zwischen 20 und 60 cm ist für die meisten Wasserpflanzen und -tiere ausreichend.

Ob Sie einen Springbrunnen integrieren möchten, liegt bei Ihnen. Es gibt Ausführungen, die einen Strahl nach oben schießen, und solche, die nur ein leichtes Gluckern verursachen. Sie reichern Wasser mit Sauerstoff an und beleben Minigewässer sowohl optisch als auch akustisch. Es gibt verschiedenste Ausführungen.

In einen großen Garten lässt sich zusätzlich ein Bächlein, eine Rinne oder ein Sumpfgarten integrieren, was die Palette an Lebensräumen und Pflanzen beträchtlich erweitert.

In und um den Teich

Teichpflanzen lassen sich in drei Hauptgruppen unterteilen: freischwimmende, Sauerstoff spendende Unterwasserpflanzen, schwimmende Wasserpflanzen wie etwa Seerosen (die etwa zwei Drittel der Wasserfläche bedecken sollten) und Uferpflanzen. Idealerweise hat man von allen mindestens eine Vertreterin dabei. Die Uferpflanzen müssen in der für sie passenden Tiefe auf Sockeln oder dem Teichboden aufsitzen, sodass das Laub aus dem Wasser ragt, aber die Wurzeln in spezieller Wasserpflanzenerde sitzen. Viele Teichpflanzen sind nicht nur schön anzusehen, sondern auch ökologisch wertvoll und bereichern einen Garten um weitere Habitate.

Wichtig ist, dass Tiere eine Möglichkeit haben, in den Teich hinein- und aus ihm auch wieder herauszukommen. Denn sie werden von ihm angelockt, ob

wir es wollen oder nicht. In einem Gewässer mit glatten, steilen Rändern können sogar Amphibien ertrinken. Errichten Sie daher eine Rampe oder arbeiten Sie mit Trittsteinen, möglichst mit rauer Oberfläche, damit die Tiere Halt finden. Über die Steine können sie an den Rand gelangen und hinauskriechen.

Wenn man ein zu starkes Algenwachstum verhindern will, legt man den Teich am besten im Halbschatten an; ein bisschen Sonne allerdings braucht er. Arbeitsintensiv wird das Ganze, wenn Bäume ihr Laub in das Wasser werfen und man es Herbst für Herbst herausfischen muss (eine Netzabdeckung kann da hilfreich sein).

Teiche lassen sich mit Lehm, Teichfolie oder Hartschalen auskleiden. Die künstlichen Materialien kaschiert man mit Steinen, die außerdem vielen Kleintieren Unterschlupf und Wurzelraum für Pflanzen bieten.

Um mit Ihrem Teich so viele achtsame Augenblicke wie möglich zu erleben, sollten Sie in seiner Nähe eine Sitzgelegenheit einrichten, von der aus Sie die Oberfläche sehen. Oder Sie positionieren ihn so, dass Sie ihn von einem Fenster aus im Blick haben. Falls er groß genug ist, kann man über einem Teil sogar ein Holzdeck errichten und von dort direkt in das Wasser sehen.

Vorherige Seite: Hochteiche lassen sich gut in Rabatten integrieren. Hier ein kühles Pflanzarrangement aus *Agapanthus*, *Verbena*, *Lupinus*, *Pennisetum* und *Salvia*.

Achtsamkeitsgärten auf dem Balkon und im Haus

Sie haben keinen Garten? Das heißt nicht, dass Sie auf achtsames Gärtnern verzichten müssen. Pflanzen in Töpfen brauchen sogar mehr Zuwendung und Pflege als ihre Pendants im Freiland. Denn sie haben nur Sie als Wasser-, Nährstoff- und Lichtlieferant. Steht Ihnen ein Gewächs sehr nah, etwa auf dem Schreibtisch oder am Küchenfenster, ist es außerdem wesentlich mehr Teil Ihres Lebens, als wenn Sie es nur ein- oder zweimal am Tag draußen im Garten sehen. Sie können sich ein paar Minuten Zeit nehmen, um es zu betrachten und Ihren Geist zur Ruhe kommen zu lassen, wann immer Ihnen danach ist. (Deshalb lohnt es sich übrigens, Schnittblumen und andere Pflanzen auch dann nach drinnen zu holen, wenn man einen großen Garten hat.)

Pflanzen in einer nüchternen, leblosen Umgebung, etwa in einem Büro, haben nachweislich positive Auswirkungen auf die Gesundheit und Leistungsfähigkeit. Darüber hinaus macht die Zimmerkultur es möglich, in unseren gemäßigten Breiten Exoten zu ziehen, die draußen nicht überleben würden. Experimente mit dem Anbau exotischer Nutzpflanzen befriedigen unsere Neugier. Wenn wir etwas nur kultivieren, um zu sehen, ob es tatsächlich wächst, etwa eine Mango aus dem Samen einer Frucht, die wir gegessen haben, können wir damit eine kindliche Begeisterung wieder entfachen, die wir schon verloren geglaubt haben. Zu guter Letzt kommen wir Pflanzen drinnen viel näher als draußen und können sie hautnah sehen, fühlen und riechen.

Balkone und Fensterbänke

Balkone und Fensterbänke sind kräftigen, austrocknenden Winden wesentlich stärker ausgesetzt als andere Flächen. Deshalb muss man Topfpflanzen dort regelmäßig wässern und düngen. Fast jedes Gewächs kann in einem Topf gezogen werden, sofern er groß genug ist. Deshalb lässt sich ein schöner, die Sinne anregender Garten auch dort einrichten, wo kein einziger Quadratzentimeter Erdreich vorhanden ist.

Kräuter wie Minze, Salbei, Rosmarin, Oregano und Thymian sind auf Fensterbänken gut aufgehoben.

Besonders »sinnliche« Pflanzen für Fensterbänke sind alle wichtigen Küchen-kräuter, also Basilikum (*Ocimum basilicum*), Petersilie (*Petroselinum crispum*) und Koriander (*Coriandrum sativum*). Rosmarin (*Rosmarinus*) und Thymian (*Thymus*) lassen sich durch regelmäßiges Abernten für die Küche klein halten. Zitro-nengras (*Cymbopogon citratus*) oder der Zitronenstrauch (*Aloysia citrodora*) wer-den wegen ihrer herrlich zitrusduftigen Blätter gezogen. Andere Gewächse mit wohlriechenden Blättern sind Duftpelargonien, die man sogar in zahlrei-chen Aromavarianten von Zitrus über Rose bis hin zu Zimt bekommt. Chilis und Tomaten (zum Beispiel die Sorte 'Minibel' oder andere speziell für die Zimmerkultur gezüchtete Minitomaten) schmecken und duften nicht nur lecker, ihre reifenden Früchte haben auch einen hohen Zierwert.

Zimmerkultur

Die Zimmerpflanzenkultur hat ihre Vor- und Nachteile. Drinnen gezogene Gewächse bekommen viel weniger Licht als ihre Freilandgenossen, selbst wenn sie in einem sonnigen Fenster stehen. Dafür kann man ihnen drinnen wesentlich höhere Temperaturen bieten. Einige der beliebtesten Indoor-Arten stammen deshalb aus den unteren Schichten von Regenwäldern, wo es warm, aber schattig ist. Ein weiteres Problem ist die Luftfeuchtigkeit. In Räumen mit Zentralheizung ist die Luft normalerweise sehr trocken, was manchen Pflanzen ziemlich zusetzt. Man sollte sie deshalb bei Bedarf besprühen und nicht in die Nähe von Heizkörpern stellen.

In Spezialgärtnereien und auf Gartenmessen sowie -schauen findet man eine größere Auswahl als im Gartencenter. Gleichzeitig kann man Setzlinge online bestellen oder sich bei Freunden holen. Wenn man den Pflanzen geeignete Bedingungen und die richtigen Nährstoffe bietet, belohnen sie ihre Besitzer oft viele Jahre lang durch ihr schönes, ungewöhnliches Aussehen.

Zu den eher kleinen Zimmerpflanzen zählen Orchideen. Mit ihren auffallend texturierten Blättern und zarten Blüten sind sie bis in die kleinste Einzelheit faszinierend anzuschauen. Der Dreieckige Frauenhaarfarn (*Adiantum raddianum*) wird oft als Lückenfüller für blühende Formen verwendet, dabei hat er mit seinen schwarzen Stängeln und den fast unwirklich dünnen Blättern, die sich schon bei der kleinsten Brise bewegen, selbst sehr viel zu bieten. Usambaraveilchen (*Saintpaulia*) gehören zu den kompaktesten Zimmerpflanzen. Die Drehfrucht (*Streptocarpus*) wiederum trumpft mit kräftig texturiertem, behaartem Laub und zartem Flor auf.

Auch Zwiebelpflanzen eignen sich für die Zimmerkultur. Man legt sie aber eine Weile in den Kühlschrank, um ihnen den kalten Winter vorzugaukeln, den sie normalerweise im Freiland durchleben müssten. Dann steckt man sie in Topferde oder legt sie in einer Vase auf eine Schicht Steine, damit die frisch entstehenden Wurzeln und Triebe gut zu sehen sind. So etwas geht zum Beispiel gut mit Tulpen, Hyazinthen und Narzissen wie der Weihnachts-Narzisse (*Narcissus papyraceus*). Kakteen und Sukkulenten sind als Zimmerpflanzen nicht gerade erste Wahl, denn sie wachsen langsam und tragen relativ selten Blüten, sodass viele sie als etwas fade abtun. Andererseits brauchen sie recht wenig Pflege und bieten, wenn man genauer hinsieht, auffällige Texturen und Farbvariationen.

Wer in der Wohnung mehr Platz hat oder sogar über einen Wintergarten oder Raum mit großen Fenstern für ein, zwei voluminösere Gefäße verfügt, kann mit stattlicheren Zimmerpflanzen arbeiten, die oftmals besondere Hingucker sind. Manche können theoretisch ziemliche Ausmaße annehmen, sprengen normalerweise aber nicht allzu schnell den ihnen zugedachten Rahmen, weil sie nur langsam wachsen. Schönmalven (*Abutilon*) tragen nickende Glockenblüten in allerlei Farben, während der Karminrote Zylinderputzer (*Callistemon citrinus* 'Splendens') mit strahlend roten, duftenden Blüten in Flaschenbürstenform aufwartet. Die Kap-Gardenie (*Gardenia jasminoides*) ist für ihren Duft bekannt, kann allerdings auch ihr dunkles, glänzendes Laub in die Waagschale werfen. Das Gleiche gilt für das Große Fensterblatt (*Monstera deliciosa*). Mit auffallenden Blättern und hohen, duftenden Blütenähren punktet der Himalaja-Schmetterlingsingwer (*Hedychium gardnerianum*). Selbst kleine Bäume eignen sich für drinnen, wie manche Feigen (*Ficus*) und Zitrusarten beweisen.

Mit einem Arsenal an Zimmerpflanzen hat man drinnen immer etwas zum Sehen, Riechen oder Anfassen. Wem nach mehr verlangt, der kann saisonale Lücken mit Schnittblumen schließen. Kaufen Sie lieber regionale und saisonale Schönheiten als die ganzjährig erhältlichen Importe vom anderen Ende der Welt – so bleiben Sie im Einklang mit den Jahreszeiten und haben obendrein eine größere Auswahl. Vor Ort gezogene Blumen verbreiten viel eher echtes Gartenflair. Selbst wenn man sie nicht selbst anbauen kann, so kann man zumindest ihre Schönheit genießen.

Generell unterscheidet sich das Indoor-Gärtnern gar nicht so sehr von der Freilandkultur, wenn es um Achtsamkeit geht. Drinnen wird man zwar leichter abgelenkt, etwa durch noch zu erledigende Arbeiten wie den Abwasch oder das Bügeln, doch sollten Sie Ihre Aufmerksamkeit auf die Pflanzen und das, was Sie selbst tun, richten. So erfordert das Wässern der Töpfe Konzentration, denn wenn etwas überläuft, wird die Fensterbank schmutzig und der Teppich ruiniert. Deshalb muss man langsam gießen und viele Pausen machen, in denen man beobachten kann, wie das Wasser langsam versickert und sich eventuell im Untersetzer wieder zeigt. Planen Sie außerdem einige tiefe Atemzüge ein, bevor Sie sich ans Werk machen (siehe *An der Schwelle innehalten* auf Seite 55–57). Sie werden bald feststellen, dass Ihnen das Gärtnern drinnen genauso viel gibt wie das Gärtnern draußen.

KAPITEL 4

Die Praxis des achtsamen Gärtnerns

Dünkel regiert die Welt der Gartenarchitektur, Farbgestaltung und sogar Botanik. Man braucht nur zu sehen, wie viele Gewächse, allen voran Rosen, aristokratische Namen bekommen. Manche Gartenexperten sind der Auffassung, dass die durch Fortschritte in der Gentechnik erzielten Zuchterfolge wie Zwerg-Sonnenblumen (*Helianthus gracilentus*) und fast blaue Rosen verboten werden sollten. Andere halten schon die Verwendung von Pflanzen mit bestimmten Farben für kitschig, aufdringlich und sogar protzig. Schenken Sie keinem Lager Beachtung. Ihr Garten ist Ihr Raum, den Sie – und das ist der springende Punkt – ganz nach Ihren Vorlieben gestalten können. Er ist das, was Sie von ihm erwarten und was für Sie Bedeutung hat. Wenn Sie vorhaben, ihm achtsamer zu begegnen und öfter einmal näher hinzusehen, sollte er für achtsames Gärtnern allerdings auch geeignet sein. Stellen Sie sich einfach vor, dass Sie Freunde – oder auch Fremde – durch Ihr Grün führen. Wie würden Sie ihnen die Geschichte Ihres Gartens erzählen?

Frühjahr

Wenn der Frühling die Pflanzen erwachen lässt, kehren auch wir nach der Winterpause erfrischt und voller Tatendrang in den Garten zurück. Manchmal lässt er sich allerdings Zeit, sodass man nach den ersten Auftritten von Krokussen und Narzissen schnell ungeduldig wird. Mit jedem Tag aber bekommt der Garten etwas mehr Licht und Wärme ab. Wir selbst merken diese winzigen Änderungen nicht, unsere Pflanzen aber schon. Sie sind, wenn nicht ober-, so doch unterirdisch bereits eifrig dabei, Wasser und Nährstoffe zu sammeln, um loszulegen, sobald der ideale Zeitpunkt gekommen ist.

Es heißt, dass sich der Frühling mit 30–40 km pro Tag nach Norden bewegt – theoretisch könnten wir also bequem neben ihm hergehen. Ganz gleich, woran Sie die Ankunft der warmen Jahreszeit festmachen, ob am ersten Weißdornblatt (*Crataegus*) oder der ersten Sichtung eines Zugvogels, das Fortschreiten des Jahres bringt dem Garten und uns neue Energie. Wir spüren, dass alle Zeichen auf Anfang stehen, und werden so frisch wie die Frühlingsluft und der Neuaustrieb. Nehmen Sie sich Zeit und stellen oder setzen Sie sich in den Garten, um dieses Gefühl zu genießen, die Wärme der Sonne und der Luft auf der Haut zu spüren, das Glitzern der Tautropfen auf den Pflanzen frühmorgens zu sehen und das Singen der Vögel zu hören.

Bei der ganzen Aufbruchstimmung und Aufregung im Garten ist es ratsam, sich etwas zu zügeln. Laden Sie sich nicht vor lauter Begeisterung zu viel auf, sonst könnte das Angenehme schnell in Unangenehmes umschlagen (siehe Seite 44–45). Beherzigen Sie den Rat des amerikanischen Predigers Henry Ward Beecher, der schon im 19. Jahrhundert empfahl: »Lassen Sie sich nicht von groß aufgemachten Pflanzen- und Samenkatalogen verrückt machen!«

Die Etymologie der Monatsnamen ist bei den Frühjahrsmonaten besonders interessant, denn sie haben einen stärkeren Bezug zur Natur als die übrigen

»Mein ganzes Leben lang haben neue
Natureindrücke immer wieder kindliche
Freude in mir hervorgerufen.«

Marie Curie,
Wissenschaftlerin

Monatsnamen. Der März ist abgeleitet von Mars. Er wird vor allem als Gott des Krieges wahrgenommen, doch hatte er auch eine Nebentätigkeit als Gott bzw. Hüter der Landwirtschaft und des Windes. Der Märzwind bläst alle Spinnweben fort und stellt die Zeichen auf Neuanfang. Vom lateinischen *aperire*, »öffnen« oder »aufdecken«, ist der April abgeleitet, was mehr als angebracht ist für einen Monat, in dem viele Pflanzen ihre frischen Triebe zeigen. Der Mai wiederum ist vermutlich benannt nach der römischen Maia, Göttin der Erde. Sie wachte über das Wachstum der Pflanzen, das im Mai so richtig einsetzt.

Einpflanzen

Das Frühjahr ist die ideale Pflanzzeit: Der Boden erwärmt sich und es regnet genug, um ihn feucht zu halten, sodass wir uns nicht allzu sehr um eine ausreichende Wasserversorgung der Gewächse kümmern müssen. Wenn wir im Vorjahr noch einen kritischen Blick auf Rabatten und Pflanzgefäße geworfen haben, wissen wir, was aufgefrischt, geschnitten, geteilt oder umgepflanzt gehört, wo es Lücken gibt, was gut gediehen ist und was nicht. Eine solche Bestandsaufnahme bringt den Garten voran. Die schönsten Gärten entstehen durch Versuch und Irrtum – wir müssen nur den Mut haben, etwas auszureißen und zu ersetzen, was nicht so wächst, wie wir uns das vorstellen.

Der Schlüssel zum Erfolg liegt in der perfekten Planung, damit das Einpflanzen nicht öfter als nötig unterbrochen wird. Bevor Sie sich ans Werk machen, sollten Sie alles bereitlegen und sich erden (siehe *An der Schwelle innehalten* auf Seite 55–57). Falls die Erde nicht bereits gut vorbereitet wurde, damit sie sich leicht ausheben lässt, konzentrieren Sie sich auf den Rhythmus des Grabens, um sich in einen achtsameren Zustand zu bringen.

Das Graben, ob mit Grabgabel oder Spaten, fällt wesentlich leichter, wenn Sie in einen gleichmäßigen Rhythmus verfallen, der als Anker dienen kann. Weil das aber nicht unbedingt Ihre ganze Aufmerksamkeit in Anspruch nimmt, können Sie sich über Ihre Sinne allgemein für alles in Ihrer Umge-

»Im Garten wächst
mehr, als man
gesät hat.«

*Spanisches
Sprichwort*

bung öffnen. Schweift der Geist ab, bringen Sie ihn zum Graben zurück und nehmen erst danach mehr in Ihrer Umgebung sehend, hörend und riechend wahr. Nutzen Sie die Arbeit, um statt wie beim Gehen in einen Links-Rechts- diesmal in einen Auf-Ab-Rhythmus zu verfallen. Fühlen Sie die Muskeln Ihres Körpers bei jeder Bewegung und lenken Sie dann die Aufmerksamkeit zurück auf die sich mit jedem Spatenstich an- und entspannenden Arme.

Das Graben muss zwangsläufig unterbrochen werden, um die Pflanzen ein- zusetzen. Indem Sie aber jedes Mal den Fokus zurückführen, wenn Sie den Spaten in die Hand nehmen, verankern Sie die Gegenwart. Und das geht so:

Sehen

Sie die bleichen Pflanzen- wurzeln im Boden verschwinden. Betrachten Sie den frischen grünen Wuchs, die zarten Blätter und Triebe, die Blütenknospen, die Erde in ihren Far- ben und wie sie vom Spaten fällt, wenn Sie sie aus dem Loch heben und später wieder die Wurzeln damit bedecken, die Würmer und Käfer im Boden und den Vogel auf der Suche nach einem schnellen Happen.

Hören

Sie den Spaten ins Erdreich gleiten, das Klacken, wenn er auf einen Stein stößt, den dumpfen Auf- schlag der Erdklumpen, die von der Grabgabel fallen, die Topferde, die auf den Boden rieselt, wenn man die Pflanze aus dem Gefäß zieht, das Klacken des leeren Kunststofftopfs beim Abstellen, den Gesang der Vögel, den Verkehr oder die Stimmen der Men- schen in der Ferne.

Fühlen

Sie das wechselnde Gewicht des Spatens beim Heben und Fallenlas- sen der Erde, den feuchten Wurzel- ballen der Pflanze in Ihrer Hand, den Druck beim Festpressen der Erde um die Wurzeln und die Triebe und Blätter an Ihren Armen und Beinen.

Riechen

Sie die feuchte Erde, den süßlich duftenden Kompost sowie die Blätter und Blüten der Pflanzen.

Machen Sie mit dem achtsamen Einpflanzen so lange weiter, wie es Ihnen gefällt. Vielleicht wollen Sie anfangs nur ein einziges Gewächs einsetzen. Versuchen Sie später die Achtsamkeit zwei Pflanzen lang aufrechtzuerhalten. Je mehr Sie üben, desto leichter fällt es Ihnen.

Wenn Sie mit dem Einpflanzen fertig sind und alles eingewässert haben (siehe *Wässern* auf Seite 142–143), treten Sie zurück und bewundern Ihre Arbeit. Denken Sie einen Augenblick über das nach, was Sie geschafft haben: Die Pflanzen werden nun wachsen und Ihnen in der nächsten Zeit Freude bereiten.

Aussaat

Es gibt schon einen Grund, warum man Gärtnereien, die Gehölze heranziehen, »Baumschulen« nennt. Das Aufziehen einer Pflanze ähnelt in vielerlei Hinsicht der Erziehung eines Kindes. Wir pflegen und nähren die Pflanze, geben ihr alles, was sie braucht (aber vielleicht nicht alles, was sie will), und tun unser Bestes, damit sie ihr volles Potenzial entfalten kann. Die Vermehrung von Pflanzen durch Teilung, Zwiebeln oder Stecklinge macht Spaß, kann allerdings nicht mit der Aufzucht aus Samen mithalten.

Samen sind das beste Beispiel dafür, dass wahre Größe oft im Kleinen verborgen ist. Hinter ihrem bescheidenen Äußeren verbirgt sich ein Kraftwerk, das genau das enthält, was nötig ist, um das Erdreich zu verlassen: einen Energievorrat, eine winzige Wurzel und einen Trieb. Sie leisten mehr für uns, als wir uns bewusst sind. Ohne die Energie in Weizensamen hätten wir kein Brot. Als Gärtner müssen wir Samen nur geben, was sie brauchen, um sie zum Leben zu erwecken, nämlich Wasser und das richtige Quantum Wärme und Dunkelheit. Gärtner sind in dieser Beziehung botanische Hebammen: Sie bringen eine Pflanze zur Welt, obwohl sie an ihrer Entstehung überhaupt nicht beteiligt sind.

Wie das Einpflanzen (siehe Seite 130–133) ist auch das Aussäen eine herrlich rhythmische Arbeit, um Achtsamkeit zu praktizieren. Das gilt für die

Freilandaussaat ebenso wie für die Aussaat im Gewächshaus oder auf einer Fensterbank. Je souveräner wir Achtsamkeit praktizieren, desto häufiger können wir sie bei unseren Aktivitäten im Garten einsetzen. Fürs Erste allerdings ist es besser, mit einer nicht zu langen Arbeit wie dem Aussäen zu beginnen. Jedes Aussäen ist dann eine Mini-Achtsamkeitsübung.

Es gibt keine spezifischen Vorgaben, was man bei dieser Übung sehen, hören oder fühlen soll. Es geht darum, sich für den kurzen Zeitraum des Säens möglichst intensiv auf den Rhythmus zu konzentrieren. Sie sollten aber versuchen, diese wache Aufmerksamkeit aufrechtzuerhalten, während Sie die verschiedenen Saatgutposten nacheinander ausbringen.

Wie beim achtsamen Gärtnern gilt: Je näher man dem Boden ist und je weniger Werkzeuge man verwendet, desto besser. Ein Pflanzholz ist zwar ein gutes Werkzeug für die Einzelaussaat, doch haben Sie an jeder Hand schon vier tadellose Pflanzhölzer, sodass Sie nicht auch noch Geld für ein weiteres ausgeben müssen. Möglicherweise sammelt sich ein bisschen Schmutz unter Ihren Fingernägeln, aber dafür kommen Sie in den Genuss einer taktilen Sinneserfahrung, die Ihnen hilft, sich in der Gegenwart zu verankern.

Bevor Sie sich ans Aussäen machen, sollten Sie alles griffbereit haben: das Saatgut, eine volle Gießkanne, Töpfe und Saatschalen mit Aussaaterde (falls möglich), Etiketten und einen Stift zum Beschriften. Harken Sie die Erde feinkrümelig oder füllen Sie die Gefäße mit dem Substrat und wässern Sie sie. Nun ist es an der Zeit, sich zu erden (siehe *An der Schwelle innehalten* auf Seite 55–57).

Für kleine Samen wird eine Saatrille in die Erde gezogen. Füllen Sie das Saatgut in die hohle Hand, bilden Sie mit ihr einen Trichter und klopfen Sie mit der anderen Hand darauf, damit die Samenkörnchen nach und nach herausrieseln. Achten Sie auf einen steten Rhythmus, konzentrieren Sie sich ganz darauf: auf das Klopfen, den Schattenwurf der einen auf der anderen Hand, das Fallen der Samen auf die Erde. Bei der Aussaat in Gefäße prägen das abwechselnde Stechen mit dem Pflanzholz bzw. Finger und das Hineinwerfen der Samen in das Loch den Rhythmus.

Das Abdecken der Samen mit einer dünnen Schicht Erde erfolgt am besten zum Schluss in einem Durchgang. Während Sie die Erde in die Löcher oder Rillen füllen, konzentrieren Sie sich auf das Erfühlen der Erde (sehr feines Saatgut muss nicht abgedeckt werden). Beschriften Sie alle Gefäße und Rillen mit Sortennamen und Aussaatdatum. Zum Abschluss nehmen Sie sich noch Zeit, Ihre Arbeit zu bewundern. Dann heißt es abwarten.

Sommer

Im Sommer tragen unsere Pflanzarbeiten vom Herbst und Frühjahr endlich Früchte. Wir können den Garten nun dank langer Tage und (hoffentlich) viel Sonne genießen. Jetzt ist nicht die Zeit, groß über Verbesserungen nachzudenken. Stattdessen sollten wir die Füße hochlegen, um den Vögeln beim Singen und den Bienen beim Summen zuzuhören. Jeder Tag bietet uns nun Neues: eine Blüte, die sich geöffnet hat, ein frischer Trieb, eine reife Frucht.

Natürlich gibt es trotzdem noch etwas zu tun: Vor allem um das Wässern (siehe Seite 142–143), Jäten (siehe Seite 147–148) und, falls man einen Rasen hat, Mähen (siehe Seite 138–141) kommt man nicht herum. Man kann diese Arbeiten aber mit Freude erledigen. Jede Jahreszeit hat ihre Vorzüge. Es ist töricht anzunehmen, dass das Jäten in sumpfiger, klebriger Erde an einem nasskalten Wintertag ebenso viel Spaß macht wie das Auszupfen eines Unkrauts an einem lauen Sommerabend.

Auch beim Entfernen von Verblühtem lässt sich Achtsamkeit praktizieren. Nutzen Sie den Rhythmus beim Abschneiden, um sich in der Gegenwart zu verankern, aber gleichzeitig das Bewusstsein zu öffnen: für den Duft der Blüten, das Fühlen des Laubs am Arm, das Erspüren der Textur von Trieben und welken Blüten in der Hand sowie das Zusammendrücken der Schere.

Nehmen Sie sich im Sommer etwas Zeit, um den Garten in Augenschein zu nehmen. Bei einem kurzen monatlichen Spaziergang mit dem Laptop oder der Kamera durch den Garten können Sie zum Beispiel notieren, welche Lücken im nächsten Herbst oder Frühjahr geschlossen werden müssen oder welche Pflanzen besondere Pflege brauchen. Das erspart später viel Rätselraten. Nichts steht still, vor allem nicht Pflanzen, und eine regelmäßige Bestandsaufnahme dessen, was funktioniert und was nicht, macht Ihren Garten jedes Jahr ein Stück besser. (Was übrigens auch für unser restliches Leben gilt.)

Mähen

Frisch gemähtes Gras gehört zu den typischsten Sommergerüchen. Ein üppig grüner Teppich kann den Rest des Gartens ausgezeichnet unterstreichen. Nur wenige widerstehen einer Rasenfläche, die zum Spielen und Herumlümmeln einlädt. Es gehört für viele zu den Höhepunkten der Saison, eine Decke auszubreiten, um darauf zu picknicken oder ein Buch zu lesen. Schön geschnittener Rasen lädt uns ein, näherzukommen, über die Halme zu streichen und auf das Gras zu drücken, um seine Weichheit zu testen.

Gleichzeitig ist Rasen aber auch der Ort, an dem wir unserer Herrschaft über die Natur am deutlichsten Nachdruck verleihen. Durch das wöchentliche Mähen verweigern wir dem Gras konstant, seinen natürlichen Drang auszuleben, zu blühen und Samen anzusetzen. Wer der Natur ein bisschen mehr Freiheiten lassen möchte, kann eine mit Blüten durchsetzte Grasfläche oder sogar eine Wildblumenwiese anlegen. Selbst sie aber profitieren von einem durch sie hindurch gemähten Weg, denn der Kontrast zwischen kurzem und langem Gras verstärkt die Wirkung beider. Kurzum: Welche Art von Grasfläche Sie auch haben mögen, um ein bisschen Mähen kommen Sie nicht herum.

Die Verwendung einer lauten Maschine scheint zunächst wenig mit dem Konzept des achtsamen Gärtnerns zu tun zu haben. Obwohl ein Rasenmäher aber die Möglichkeit ausschließt, Klänge wie das Singen der Vögel wahrzunehmen, so ist es doch möglich, mit ihm achtsam zu mähen. Das stete Hin und Her ist bestens geeignet, den Fokus auf die Aufgabe selbst zu lenken. Wer meint, es sei zu gefährlich, achtsam zu sein und gleichzeitig eine Maschine zu bedienen, sollte sich fragen, was besser ist: aufmerksam und der Umgebung gegenüber offen zu arbeiten oder beim Mähen tagzuträumen?

Erden Sie sich, sobald Sie den Rasenmäher positioniert und angelassen haben, aber noch bevor Sie mit dem Mähen beginnen (siehe *An der Schwelle innehalten* auf Seite 55–57). Vorzuziehen ist das Mähen von Streifen in

»Nichts ist angenehmer anzuschauen als grünes, kurz
geschnittenes Gras.«

Francis Bacon,

Philosoph und Staatsmann

regelmäßigem Auf und Ab, aber ob das möglich ist, hängt von der Form der Fläche ab. In der Regel erzielt man die besten Resultate, wenn man zweimal um die Fläche herum den Rand entlang mäht und anschließend durch die Mitte auf und ab geht. Das ist gleichzeitig die effizienteste Art zu mähen.

Manchmal ist es hilfreich, wenigstens bei den ersten Durchgängen die Geschwindigkeit leicht zu drosseln, bis sich eine gewisse Achtsamkeitsroutine einstellt und Sie wissen, wie Sie die Übung optimal umsetzen. Richten Sie Ihre Aufmerksamkeit beim Gehen hinter dem Mäher auf das Heben der Beine und deren Zurücksetzen auf das Gras (siehe *Achtsames Gehen* auf Seite 58–59). Bleiben Sie auf das Gehen und seinen Rhythmus nur leicht konzentriert, um die anderen Sinne noch öffnen zu können.

Sobald Sie mit dem Mähen fertig sind, stellen Sie den Mäher beiseite und gehen zurück auf die Rasenfläche, um sie genauer in Augenschein zu nehmen. Streichen Sie mit der Hand über das Gras und fühlen Sie, wie die Halme die Handflächen kitzeln. Betrachten Sie die Enden jedes Halms. Wie sehen sie aus? Sind sie sauber gekappt oder zerrupft? Zerrupftes Gras wird an den Enden leichter braun, wodurch die Gesamtfläche weniger sauber wirkt. Bis zu einem gewissen Grad hängt die Schnittqualität auch von der Bauart des Rasenmähers ab, doch lohnt es sich vielleicht, die Rotorblätter zu schärfen.

Zum Schluss reinigen Sie den Mäher und verstauen ihn wieder. Dann bleiben Sie noch einmal einige achtsame Augenblicke stehen und sehen sich Ihre Arbeit an. Das Gras wird wieder wachsen, wahrscheinlich sogar sehr rasch, aber in diesem Moment sieht der Rasen perfekt aus. Atmen Sie tief ein und genießen Sie den Geruch des frisch geschnittenen Grases. Sehen Sie sich die Fläche als Ganzes an und überlegen Sie, wie sie sich in die Umgebung einfügt. Wie harmoniert sie mit den Pflanzen, die aus den Beeten in die Fläche hineinragen, wie mit den Bäumen, die sich über sie erheben, und wie mit den sauberen Kanten zwischen Gras und Weg?

Sehen

Sie sich den Rasen mit dem gekürzten Gras und den noch ungekürzten Halmen an. Wie beugt sich das Gras unter dem Mäher? Ist der Schnittabfall gleichmäßig verteilt oder liegt er in Klumpen? Klumpen deuten auf eine Blockade im Mäher oder zu feuchtes Gras hin.

Riechen

Sie den krautigen Duft des frisch gemähten Grases und die Abgase des Benzinmähers.

Fühlen

Sie das Vibrieren des Mähers in der Hand, den Kontrast zwischen Metall und Plastik und die Stöße, die durch den Griff übertragen werden.

Wässern

Wenig Gartentätigkeiten veranschaulichen die vielfältigen Wechselbeziehungen in der Natur besser als das Wässern. Wir und alle Pflanzen um uns herum bestehen vor allem aus Wasser – Wasser, das vielleicht schon viele Milliarden Mal um die Erde gewandert ist. Von diesem Wasser können wir noch etwas lernen – nämlich, dass kein Hindernis zu groß ist. Wasser ist in erster Linie anpassungsfähig. Es findet seinen Weg. Kann es nicht um ein Hindernis herum oder darunter und darüber vorbei, nimmt es eben wie die Familie in Michael Rosens Kinderbuchklassiker *Wir gehen auf Bärenjagd* den Weg mitten hindurch. Das mag viele Jahre dauern, aber dank seiner Beharrlichkeit wird selbst meterdicker Fels irgendwann abgetragen sein (man sehe sich nur den Grand Canyon an) und es wird den besten Weg zum Meer finden.

Für uns als Gärtner ist das Gießen ein demütiger Pflegedienst: Wir tragen das Wasser buchstäblich zu der Erde und den Pflanzen, die es brauchen. Das gibt uns die Möglichkeit, mit Achtsamkeit zum besseren Gärtner zu werden. Durch Beobachten der Pflanzen und der Erde sorgen wir dafür, dass die Gewächse nie zu viel oder zu wenig Wasser bekommen. Wir lernen ihre Bedürfnisse zu erkennen und begreifen, wie sie sich mit den Jahreszeiten und dem Wetter ändern. Wenn wir beispielsweise an einem sengend heißen Tag sehen, dass eine Pflanze alles hängen lässt, nehmen wir – während uns etwas anderes durch den Kopf geht – automatisch an, dass sie Wasser braucht. Würden wir uns aber nur einen Augenblick Zeit nehmen und sie genauer ansehen, würden wir merken, dass der Boden feucht genug und der Trieb geschwollen ist und lediglich die Blätter hängen. Das liegt nicht an Wassermangel, sondern ist ein Schutzmechanismus vor Wasserverlust. Wer jetzt wässert, ertränkt die Wurzeln und erzeugt zu viel Luftfeuchtigkeit um die Pflanze, was Pilzinfektionen begünstigt.

Gewässert wird am besten frühmorgens oder abends, da in dieser Zeit nicht so viel Wasser verdunstet, bevor es zu den Wurzeln gelangt. Das Gießen ist außerdem eine ideale Zeit, den Geist ins Gleichgewicht zu bringen, bevor wir den

Tag in Angriff nehmen oder zu Bett gehen. Achtsam gewässert werden kann mit einer Gießkanne oder dem Gartenschlauch – wichtig ist allein, dem Wasser auf seinem Weg in den Boden oder den Topf Aufmerksamkeit zu widmen.

Wie immer sollte man dabei alles griffbereit legen, Ablenkungen wie Radio oder Smartphone ausschalten und sich erden (siehe *An der Schwelle innehalten* auf Seite 55–57). Die Anleitung hier bezieht sich auf das Wässern von Erdreich oder Topfsubstrat – wenn Sie dafür öfter zu einem Wasserhahn gehen müssen, tun Sie das wie auf Seite 58–59 beschrieben achtsam. Wässern Sie den Garten systematisch, damit Sie nichts übersehen: Nicht alle Pflanzen müssen gegossen, aber alle müssen in Augenschein genommen werden.

Sehen Sie vor dem Wässern jeden neuen Gartenabschnitt an: Wirkt der Boden trocken und staubig oder nass und sumpfig? Stecken Sie einen Finger in die Erde, um sie zu prüfen. Sie sollte feucht, aber weder tropfnass noch knochentrocken sein (sofern es sich nicht um Sonderfälle wie Sukkulenten handelt). Ein paar Erdreste sollten am Finger kleben. Konzentrieren Sie sich auf das Erfühlen der Erde mit den Fingern und auf die unmittelbare Erfahrung, statt sich selbst zu erzählen, was Sie tun.

Wenn Boden oder Substrat trocken sind, wässern Sie gründlich. Ein paar Spritzer reichen nicht – sie bringen die Wurzeln nur dazu, an die Oberfläche zu wachsen, wo sie noch schneller austrocknen. Gutes Wässern bedeutet, dass man Wasser auf dem Boden verteilt, einsickern lässt und noch einmal gießt.

Konzentrieren Sie sich beim Wässern auf das Sehen. Beobachten Sie den Boden, wenn das Wasser auf ihm auftrifft: den Staub, der aufgewirbelt wird, die Farbveränderung, wenn er sich vollsaugt, den Kontrast zwischen dem hell glitzernden Wasser und dem dunklen Boden. Achten Sie darauf, wie sich Wasser auf der Oberfläche sammelt. Halten Sie einen Augenblick inne, während es versickert, wässern Sie wieder und gehen Sie zur nächsten Pflanze.

Jäten

Unkräuter sind nach Schädlingen und Krankheiten die wohl größte Plage des Gärtners. Man wird sie einfach nicht los. Selbst wenn wir eine Glocke über den Garten stülpen und keimfreie Erde verteilen würden, könnten wir trotzdem Unkrautsamen an Schuhen und Kleidung einschleppen. Bewundern wir die unliebsamen Gäste lieber für ihre Hartnäckigkeit. Überhaupt ist der Begriff »Unkraut« in mehrfacher Hinsicht ein menschgemachtes Etikett. Was wir »Un«-Kräuter nennen, sind zum einen oft Wildblumen und wichtig für Bienen und Schmetterlinge oder sogar Nutzpflanzen wie Löwenzahn (*Taraxacum* sect. *Ruderalia*) – die Einstufung zum Unkraut ist also ganz und gar subjektiv. Zum anderen gibt es viele Unkräuter in freier Natur gar nicht, weil sie nur die bearbeitete Erde von Gärten oder Äckern besiedeln. Dabei entwickeln sie sich oft schneller und besser, als ein Pflanzenzüchter sie kultivieren könnte. In der Literatur und allgemeinen Kultur sind Unkräuter entweder die Bösen oder die Rebellen und werden gern als Symbol der Freiheit und Wildnis verklärt.

Auf den Geist übertragen sind Unkräuter unsere schlechten Gedanken und Gefühle, die wir lieber nicht hätten. Wie im Garten aber gilt: Ohne uns gäbe es sie gar nicht. Wir müssen akzeptieren, dass schlechte Gedanken ein Teil von uns sind – so wie Unkräuter Teil des Gartens sind. Durch Ignorieren verschwinden sie nicht, sondern werden lediglich größer. Also müssen wir das Jäten mit Entschlossenheit und zugleich Wohlwollen angehen. Durch zorniges Ausreißen verbreiten wir die Samen noch stärker im Garten oder entfernen zwar den oberirdischen Wuchs, lassen aber die Wurzeln weiter wuchern, sodass sich das Unkraut letztlich vervielfacht. Wenn ein Gartenbereich zu stark vom Unkraut erobert wurde, wissen wir häufig nicht mehr, wo wir ansetzen sollen. Je länger wir das Problem auf die lange Bank schieben, desto schlimmer wird es. Fangen Sie klein an, und mit Zeit, Geduld und ein bisschen Mühe erobern Sie bald etwas Raum zurück – und dann noch etwas und noch etwas. Auch Achtsamkeit funktioniert so: Indem wir uns einen Augenblick von unseren Gedanken lösen, bekommen wir mit der Zeit wieder den Raum in unserem Kopf unter Kontrolle.

Jäten heißt, den Boden im Wortsinne zu »kultivieren«: Wir geben ihm Kultur, also unsere ethischen und moralischen Werte, damit er unsere Pflanzen trägt. Meiden Sie Kriegsmetaphern im Umgang mit Unkraut (oder auch Schädlingen und Krankheiten): Unkräuter sind lediglich Kräuter am falschen Platz. Sie wollen nichts weiter als blühen und sich vermehren. Sie wachsen nicht, um uns zu ärgern. Wenn wir uns näher mit ihnen befassen, können wir sogar manche ihrer Vorzüge nutzen, etwa in der Küche, zur Versorgung der Tierwelt oder als Medizin. Wer Unkräuter zu bestimmen lernt, kann nicht nur besser entscheiden, welche er am besten loswird, sondern auch, wie er sie am besten loswird. Wie immer beim Gärtnern gilt: Je mehr wir wissen, desto besser werden wir.

Erden Sie sich (siehe Seite 55–57), bevor Sie mit dem Jäten beginnen. Dabei spielt es keine Rolle, ob Sie nur schnell fünf Minuten in den Garten springen oder länger dort arbeiten wollen. Halten Sie den Zustand achtsamer Aufmerksamkeit so lange aufrecht, wie es Ihnen gefällt, aber beenden Sie ihn bewusst, statt Ihren Geist nur abschweifen zu lassen und nicht mehr zurückzuführen.

Sehen

Sie die Unkräuter, ohne ihnen ein Etikett überzustülpen. Beobachten Sie ihr Laub: Ist es schmal oder breit? Was ist mit den Blüten: Stehen Sie in Ähren, Dolden oder einzeln in offenen Bechern, flachen Tellern oder nickenden Glocken? Welche Farbe haben sie? Sehen Sie sich beim Ausgraben ihre Wurzeln an: die langen Pfahlwurzeln von Ampfer (*Rumex*), die faserigen Matten des Kriechenden Hahnenfußes (*Ranunculus repens*).

Hören

Sie die Erde von den Wurzeln rieseln, das Hineingleiten der Gabel in die Erde, das Klacken, wenn sie auf einen Stein stößt und das Fallen des Unkrauts in den Eimer.

Riechen

Sie das zerdrückte Laub (viele Unkräuter haben einen charakteristischen Duft), die Erde und die Pflanzen um sie herum.

Fühlen

Sie das Gewicht der Unkräuter in der Hand, ihre Verteidigungsstacheln, das Gewicht der Gabel und des Eimers.

Herbst

Wenn sich der Sommer dem Ende zuneigt, beginnen die letzten Blüten zu welken und die Blätter zu fallen. Einerseits ist es traurig, dass eine weitere Wachstumssaison vorbei ist, andererseits gibt es noch viel zu genießen, etwa das durch Laubhaufen hindurchlaufen oder die Ernte. Der Herbst ist außerdem die ideale Zeit, über Vergänglichkeit nachzudenken, die in der buddhistischen Philosophie ein wichtiges Thema ist. Tod ist nichts, vor dem man Scheu haben muss, denn er ist tagtäglich um uns herum präsent. Ja, er kann uns sogar helfen, das Leben besser zu genießen. Wenn er dann naht, können wir ihm mit mehr Gleichmut und innerem Frieden begegnen. Die Vergänglichkeit auszuklammern wird immer schwieriger, je länger wir es versuchen, denn es macht uns nur empfänglicher für Veränderungen des Jetztzustands.

Auch bei den herbstlichen Aktivitäten im Garten dreht sich alles um Vergänglichkeit: Wir räumen Laub weg und ernten oder kompostieren die letzten Früchte und Gemüse der Saison. Vergänglichkeit ist ein zentraler Wesenszug der Natur – alles ist im Fluss. Die Jahreszeiten und Jahre verstreichen unerbittlich, neue Blüten erscheinen, weitere Früchte bilden sich, die Bäume wachsen immer höher und fallen schließlich wieder auf die Erde. Durch Genießen des Augenblicks lernen wir zu schätzen, was wir gerade haben, nicht das, was wir hatten oder vielleicht noch haben werden.

Zeit ist linear, lehren uns die Geschichtsbücher. Aber die Zeit, die wir uns im Garten aufhalten, bringt uns eine eher zyklische Betrachtungsweise näher. Zeitrafferaufnahmen veranschaulichen, wie Blätter auf den Waldboden fallen, verrotten und von Würmern in den Boden gezogen werden, wo Wurzeln ihre Nährstoffe aufnehmen, sodass der Baum im nächsten Frühjahr wieder austreiben kann. Die Blüten unserer Dahlien sind nicht auf ewig weg: Sie erscheinen im nächsten Sommer wieder. Der Mohn, der verblüht ist und Samen angesetzt hat, stirbt, aber die Samen bringen ihn nächstes Jahr wieder zurück.

Sehen

Sie den Vögeln zu, die auf Samenständen landen, beobachten Sie Wassertropfen auf Spinnweben, die letzten Blüten in den Rabatten, Tau im Gras, Pilze zwischen dem Herbstlaub, die schwer mit Früchten behängten Äste von Bäumen und Sträuchern, das letzte Gemüse zwischen vergilbendem Laub.

Riechen

Sie die kalte Luft, ihre feuchte Frische, die faulenden alten Kohlblätter, die noch aus dem Gemüsebeet entfernt werden müssen, und den unverkennbaren Duft von Obst, Gemüse und Blüten.

Fühlen

Sie die Wärme der Sonne auf dem Gesicht, die Tropfen eines Herbstschauers, die Feuchtigkeit der Blätter auf Hand und Arm und die starren alten Pflanzentriebe, die Sie beim Vorbeigehen streifen.

Hören

Sie Ihre Schritte beim Gehen durch den Garten, die Vögel, die hoch droben in der Luft – vielleicht auf dem Weg nach Süden – fliegen oder ihr Winterrevier abstecken, den weichen Aufschlag des fallenden Apfels, die durch die Wipfel tollenden Eichhörnchen und die letzten Bienen auf Blütensuche.

»Wo ist, ach wo, des Frühlings Finkenschlag?
O still! Musik – auch dir ist sie verliehen –
Wenn wolkenbunt verblüht der sanfte Tag
Und Rosenschatten über Stoppeln ziehen:
Dann klagt in Uferweiden das Gewimmel
Der winzigen Mücken – lebt der Wind empor,
Hebt sich der Schleier, stirbt er, sinkt der Flor –
Erwachsne Lämmer blöken laut am Bach,
Und Grillen zirpen; nun entzückt das Ohr,
Rotbrüstchens Flötensang vom Laubendach,
Und Schwalben sammeln zwitschernd sich
im Himmel.«

John Keats,
An die Herbstzeit

Kompostieren

Nirgendwo lässt sich der Zyklus des Lebens und Sterbens augenfälliger beobachten als im Komposthaufen. Je mehr Kompost wir ansetzen, desto leichter erkennen wir nicht nur die alten Blüten im Kompost, sondern auch den Kompost in den neuen Blüten. Der konstante Kreislauf aus Wachsen und Vergehen kann ein Quell des Trostes und zugleich der neuen Hoffnung sein. Die Kürbisse mögen vorzeitigem Frost zum Opfer gefallen sein, aber ihr matschiges Fleisch wird sich in schönen Humus verwandeln, mit dem sich die neuen Kürbispflänzchen im kommenden Sommer mulchen lassen. Ebenso leben triumphale Schönheiten wie die Duft-Wicken (*Lathyrus odoratus*) nicht ewig, werden aber in einer anderen Form wieder auferstehen und den Garten im nächsten Jahr noch schöner erstrahlen lassen.

Grundlage des Komposthaufens mag zwar das Sterben der Pflanzen oder zumindest ihrer oberirdischen Teile sein, doch der Akt des Kompostierens ist zweifellos lebensbejahend. Denn es entsteht ja etwas Neues: Kompost. Würden wir unseren ganzen Schnittabfall und altes Laub in einer dunklen Gartenecke zu einem großen Haufen auftürmen, würden wir ebenfalls etwas bekommen, mit dem wir die Beete anreichern könnten. Aber es würde viel länger dauern und kein hochwertiges Material sein, sondern noch faulige Klumpen und kaum verrottete Zweige enthalten. Komposthaufen wollen gepflegt, gewendet und gemischt werden. Außerdem dürfen wir nichts hineinwerfen, was uns eines Tages wieder heimsuchen könnte, etwa die Gewöhnliche Zaunwinde (*Calystegia sepium*) oder die Samen einjähriger Unkräuter. Aber irgendwann wird er fertig sein und wir können ihn wieder den Pflanzen zuführen.

Ganz gleich, ob Sie Ihren Kompost in einem geschlossenen oder offenen Behälter ansetzen, in beiden profitiert er von regelmäßigem Wenden. Mit dieser rhythmischen Tätigkeit haben Sie einen Anker, der Ihnen zu einer größeren Achtsamkeit dem ganzen Garten gegenüber verhilft. Auch drehbare Trommelkomposter eignen sich für Achtsamkeitsübungen, doch rückt man hier die

Bewegung der Trommel, das Geräusch des fallenden Komposts im Inneren und den Wechsel aus Licht und Schatten auf der Trommel in den Mittelpunkt.

Legen Sie zunächst Werkzeuge und Handschuhe bereit, stellen Sie sich vor den Komposter und erden Sie sich einige Atemzüge lang (siehe Seite 55–57). Fühlen Sie beim Bücken die Muskeln, die Bewegung des Aufnehmens einer Gabel voll Kompost und das Wenden. Richten Sie die Aufmerksamkeit anfangs nur auf den sich bewegenden Rumpf, dann auf die Beine und nach ein, zwei Minuten auf die Arme sowie den Wechsel aus An- und Entspannung beim Heben und Werfen des Komposts. Konzentrieren Sie sich beim gesamten Wenden weiter auf die Arme, aber nur leicht auf die Bewegung, damit Ihr Geist wieder zurückfindet, falls er abschweift. Die anderen Sinne – das Sehen, Hören und Riechen – sollten auf die Umgebung gerichtet bleiben.

Riechen

Sie den Kompost. Wenn er gänzlich verrottet ist, riecht er süß. Was nicht vollständig zersetzt ist, hat noch einen muffigen Geruch. Prüfen Sie also mit Augen und Nase, ob der Haufen gesund ist. Atmen Sie die kühle Luft ein.

Sehen

Sie die einzelnen Bestandteile des Komposts im Haufen: Stängel und Blätter, Zweige und Blüten, aber auch die Tiere, die in ihm leben: Würmer, Käfer und viele weitere. Außerdem findet man viele Pilze; sie haben den größten Anteil am Zersetzungsprozess. Interessant die unterschiedlichen Farben und Zersetzungsstadien der einzelnen Schichten. Beobachten Sie Ihren Atem in der kalten Luft und den aus dem Komposter aufsteigenden Dampf.

Hören

Sie die Klumpen beim Wenden des Komposthaufens mit der Gabel, das Hinunterrieseln der Komposterde in den Haufen, das Knirschen des Holz- oder Plastikbehälters, den Gesang der Vögel und den Verkehr in der Umgebung.

Ernten

Im Herbst zahlt sich unsere Geduld mit dem langsam reifenden Gemüse endlich aus. Kürbisse, Kohl und Co. sind monatelang gewachsen und wurden von uns erwartungsvoll gepflegt und beschützt. Ebenfalls viel Zeit haben sich Baumfrüchte wie Äpfel, Birnen und Quitten gelassen.

Geduld ist wichtig bei diesen Langstrecklern. Ihr großer Vorteil besteht ja darin, dass man sie vollreif pflücken kann – im Gegensatz zu gekaufter Ware, die unreif geerntet wird, um beim Transport zu reifen. Ernten Sie also nicht zu früh. Sie tun sich auch keinen Gefallen, wenn Sie an den Früchten herumdrücken. Dabei verletzen Sie höchstens einen Ast oder eine Frucht – oder treten auf ein anderes Gewächs. Und: Lassen Sie etwas für die Vögel übrig.

Die Ernte ist eine Zeit der Feste. Wir feiern nicht nur das Erntegut an sich, sondern auch die Schönheit, die in der Reife liegt. Für uns ist das ebenfalls ein Anreiz, in Würde zu reifen, sich dem eigenen Altersprozess nicht zu widersetzen. Wir sind dankbar für das Reifen der Frucht, warum also sollten wir nicht dankbar für die zusätzlichen Falten im Gesicht sein? Achtsamkeit lehrt uns zu schätzen, was wir haben, statt ewig zu lamentieren, was verloren ist. Der Apfelbaum betrauert nicht die verblühte Blüte, er hat sie gebraucht, um die Frucht zu bilden. Wenn wir durch den Garten gehen und dabei Gemüse und Obst ernten, sollten wir dankbar für jedes einzelne Stück sein. Die Apfelernte mag dieses Jahr geringer ausgefallen sein als letztes Jahr, aber die Äpfel schmecken trotzdem köstlich. Also genießt man, was man hat.

Wenn Sie mit einem Korb oder einer Tasche in den Garten ziehen, erden Sie sich zunächst (siehe Seite 55–57). Man spürt im Herbst schon fast die Jahreszeit in der Luft liegen, vor allem wenn es an das Ernten geht. Konzentrieren Sie sich auf den Rhythmus des Gehens (siehe Seite 58–59) und genießen Sie das Miteinander aus Reife und Verfall in seiner ganzen Schönheit.

Fühlen

Sie die Bewegungen Ihres Körpers, die Finger, die sich um das Fleisch einer Frucht oder um eine Blüte schließen, die Kraft, die Sie ausüben müssen, um sie von der Pflanze zu lösen, und ihr Gewicht – ob Gemüse, Obst oder Blüte.

Spüren

Sie den Druck Ihrer Hand auf der Gartenschere beim Abschneiden.

Riechen

Sie den Obst-, Gemüse- und Blütenduft, wenn Sie etwas in den Erntekorb legen.

Schmecken

Sie ein paar Kostproben, denn frisch von Baum oder Strauch ist vieles am leckersten.

Sehen

Sie sich die Farben jeder Frucht, jedes Gemüses und jeder Blüte an.

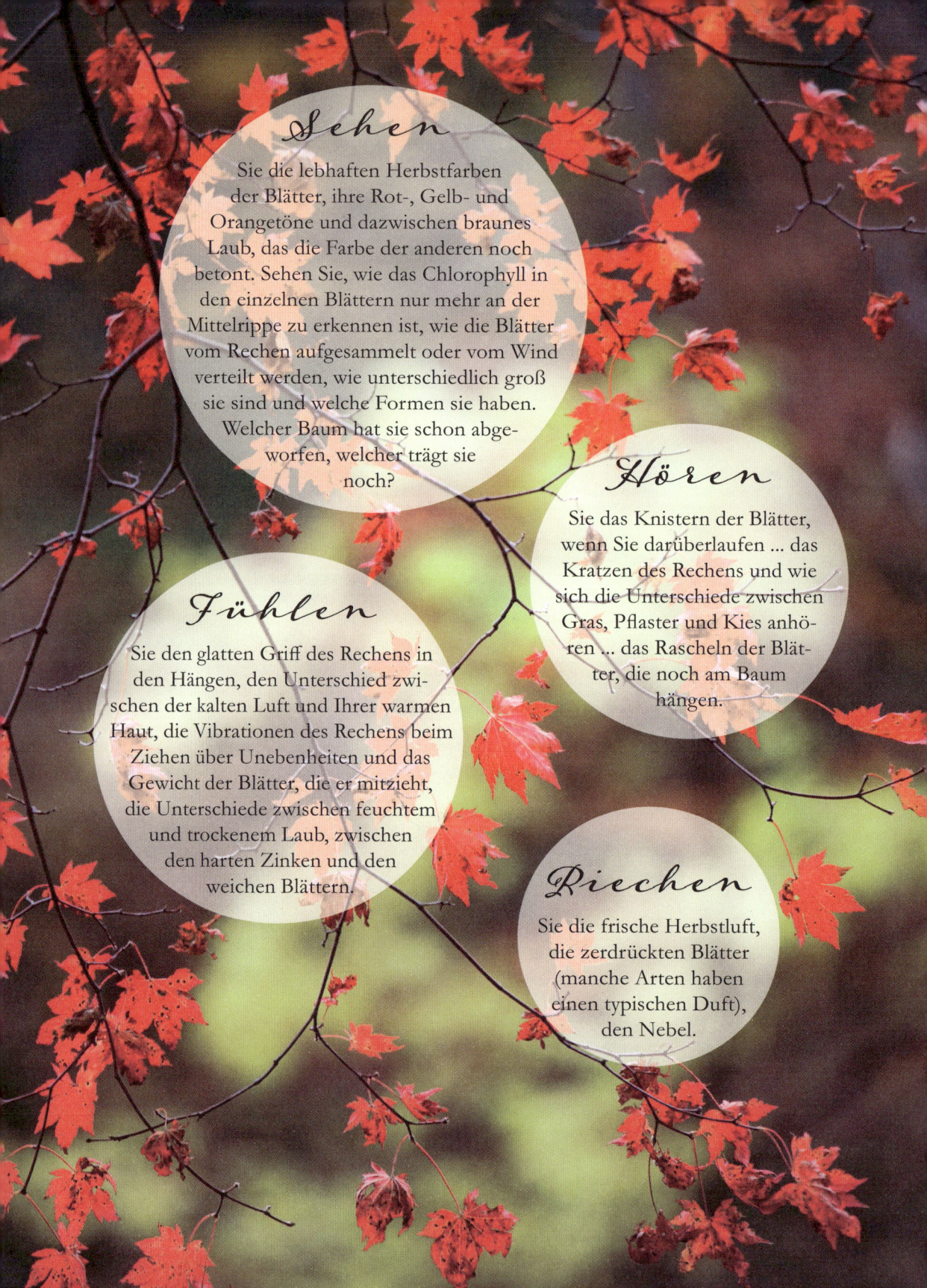

Sehen

Sie die lebhaften Herbstfarben
der Blätter, ihre Rot-, Gelb- und
Orangetöne und dazwischen braunes
Laub, das die Farbe der anderen noch
betont. Sehen Sie, wie das Chlorophyll in
den einzelnen Blättern nur mehr an der
Mittelrippe zu erkennen ist, wie die Blätter
vom Rechen aufgesammelt oder vom Wind
verteilt werden, wie unterschiedlich groß
sie sind und welche Formen sie haben.
Welcher Baum hat sie schon abge-
worfen, welcher trägt sie
noch?

Hören

Sie das Knistern der Blätter,
wenn Sie darüberlaufen ... das
Kratzen des Rechens und wie
sich die Unterschiede zwischen
Gras, Pflaster und Kies anhö-
ren ... das Rascheln der Blätter, die noch am Baum
hängen.

Fühlen

Sie den glatten Griff des Rechens in
den Hängen, den Unterschied zwischen der kalten Luft und Ihrer warmen
Haut, die Vibrationen des Rechens beim
Ziehen über Unebenheiten und das
Gewicht der Blätter, die er mitzieht,
die Unterschiede zwischen feuchtem
und trockenem Laub, zwischen
den harten Zinken und den
weichen Blättern.

Riechen

Sie die frische Herbstluft,
die zerdrückten Blätter
(manche Arten haben
einen typischen Duft),
den Nebel.

Laub aufsammeln

Gold-, Rot-, Gelb- und Orangetöne ... das sanfte Rascheln der Blätter im Wind – Bäume machen es uns leicht, die Wunder des Herbstes zu genießen. Natürlich variiert die Strahlkraft der Farben und die Dauer der Show je nach Witterung von Jahr zu Jahr. Trotzdem gibt es immer etwas zu sehen. Vor allem manche Bäume brillieren (siehe *Optisch ansprechende Pflanzen* auf Seite 80–81). Zu den leuchtendsten Schönheiten gehören Ahorne (*Acer*). Sie sind auch der Grund, warum manche Menschen eigens in den Nordosten der USA oder nach Japan reisen, um dort ihr herbstliches Feuerwerk zu genießen.

Aber alles, was wächst, muss sterben – so auch das Laub. Unsere Aufgabe als Gärtner ist es, die abgefallenen Blätter wegzuräumen. Wir müssen das nicht, wir können sie wie in den Wäldern liegen und verrotten lassen. Allerdings schädigt der Licht- und Luftmangel dann das Gras und vermutlich auch die Rabattenpflanzen darunter. Zudem lässt sich aus den Blättern Laubhumus ansetzen, ein besonders wertvoller Kompost. Er eignet sich hervorragend zur Verbesserung von Böden. Gärtnern ist immer ein Eingriff in die Natur, aber durch Imitieren ihrer Methoden (wenngleich auf etwas sauberere Art und Weise) reduzieren wir diesen Eingriff auf ein Minimum.

Herbstlaub ist ein Anreiz, das Kind in uns wieder aufzuwecken. Wer kickt nicht gern einen Laubhaufen in die Luft? Oder durchwühlt ihn, um die schönsten und dicksten Kastanien zu finden? Blätter zu fangen, die gerade vom Baum fallen, ist zugegeben ein zeitaufwendiges Unterfangen zum Sammeln von Laub, macht aber viel Spaß und erfordert uneingeschränkte Aufmerksamkeit im Hier und Jetzt. Es heißt, es bringe Glück, ein Blatt zu erwischen, bevor es den Boden berührt. Fangen Sie zwölf – eines für jeden Monat – und Sie haben im ganzen nächsten Jahr Glück.

Das Harken und Zusammenkehren von Herbstlaub erfordert Geduld und die Erkenntnis, dass Kräfte wirken, die sich unserer Kontrolle entziehen.

An einem ruhigen Herbsttag kann das Einsammeln von Laub eine schon fast therapeutische Tätigkeit sein. Das Kehren oder Harken ist dem Einsatz eines Laubbläsers bei Weitem vorzuziehen, denn es ist gesünder, kommt ohne umweltschädliche Abgase aus und sorgt dafür, dass Sie den Fokus auf die Welt um sich herum richten, statt die Nachbarn durch Motorenlärm zu stören. Mit dem Rechen ist man eins mit dem Garten, mit dem Laubbläser ein Eindringling. Das Entfernen von alten Blättern und Freiräumen des Gartens kann auch den Geist aufräumen. Nutzen Sie diese herbstliche Arbeit als Gelegenheit für Achtsamkeitspraktiken – und Sie kehren erfrischt und fokussierter wieder in Ihre Wohnung zurück.

Erden Sie sich, bevor Sie sich ans Werk machen (siehe *An der Schwelle innehalten* auf Seite 55–57). Nehmen Sie anschließend den Rechen in die Hand. Arbeiten Sie sich methodisch durch den ganzen Garten. Das macht das Zusammenharken nicht nur effizienter, es hilft Ihnen auch, die Aufmerksamkeit besser auf den Rhythmus zu richten.

Beginnen Sie das Harken, indem Sie sich Ihres gesamten Körpers bewusst werden, während er sich beim Zusammenrechen der Blätter bewegt. Richten Sie Ihre Aufmerksamkeit nach ein, zwei Minuten auf Ihre Arme und das Strecken und Ziehen, während der Rechen über den Boden gleitet. Versuchen Sie die Bewegung in einem möglichst steten Rhythmus beizubehalten, denn gerade der Rhythmus bindet Ihren weichen Fokus so lange wie möglich. Zu ihm können Sie zurückkehren, falls die Gedanken zu wandern beginnen. Durch Verknüpfung Ihres Geistes mit der regelmäßigen Tätigkeit werden Sie automatisch empfindsamer für die Eindrücke in Ihrer Umgebung.

Sobald das Laub auf einem Haufen liegt, endet Ihre Achtsamkeitsübung. Nun wird es Zeit, es in Säcke oder Tonnen zu stopfen, um Laubhumus daraus zu machen – oder einfach nur aus reiner Freude hindurchzulaufen!

Winter

Weniger ist mehr, heißt es, und das gilt besonders für den winterlichen Garten. Dies ist nicht die Zeit für farbenfrohen Flor und üppigen Wuchs: Das Auge und der Geist brauchen nach dem Farbenrausch und üppigen Wachstum des Sommers und Herbstes Ruhe. Einfachheit ist angesagt; der bloße Kontrast zwischen Hell und Dunkel, zwischen Schnee und Hecke, zwischen Himmel und Baum tritt in den Vordergrund. In der Kargheit des winterlichen Gartens, dessen Skelett nun offen zutage tritt, liegt eine ganz eigene Schönheit. Die immergrünen Sträucher, Hecken und Formschnittgehölze, die aufrechten nackten Bäume, sie alle zeigen nun, dass sie die Kraft haben, den Winter zu überleben. Dennoch können sie auch glänzen, denn wenn nichts sonst ablenkt, sehen wir sie in ihrer unprätentiösen Schönheit umso deutlicher. Gleichzeitig ist es in der kalten Jahreszeit im Garten ruhiger: kein Summen von Bienen, weniger singende Vögel, kaum raschelndes Laub, weniger Menschen draußen. Der schlafende Garten ist der perfekte Ort, um Ruhe zu finden.

Es gibt zwar nach wie vor draußen etwas zu tun, gleichwohl ist der Winter am ehesten die Jahreszeit, in der wir und die Pflanzen ruhen. Die Natur braucht ihn ebenso wie den Sommer. Man sammelt sich und bereitet sich auf die Aufgaben des kommenden Frühjahrs und Sommers vor, steht aber auch still. Manche sehen die kurzen, dunklen, kalten Tage als eine Zeit, die man aushalten (oder der man entfliehen) muss. Doch ein Aufenthalt im Garten, und sei es nur ein kurzer Spaziergang, zaubert ein rosiges Leuchten in die Herzen wie auf die Wangen. Der Winter wird so sicher vergehen wie der Sommer und Herbst davor. Bis dahin genießen Sie die Ruhe – und die Schönheit der Jahreszeit.

Die wichtigsten Aufgaben sind das Schneiden und Umgraben, sofern man eine Rabatte oder einen Gemüsegarten neu anlegen will. An regnerischen Tagen kann man im Schuppen aufräumen, Saatgut sortieren und ordentlich saubermachen. Dann hat man im Frühjahr weniger zu tun.

»Ich mag um Neujahr
Rosen nicht verlangen,
Noch Schnee, wenn Lenz
und Mai mit Blüten prangen:
Jegliche Frucht muß Reif'
und Zeit erlangen.«

Shakespeare,
Verlorene Liebesmüh

Schnitt

Wenn es ans Schneiden geht, fühlt sich der Hobbygärtner oft überfordert. Die Fülle an Informationen darüber, welche Baum- und Strauchart wie und wann geschnitten werden soll, schreckt eher ab, als dass sie hilft. Eine Möglichkeit ist, ungeachtet der Blütezeit und Wuchsform alles radikal mithilfe einer Ast- und einer Heckenschere zu stutzen, allerdings können die Ergebnisse ziemlich unbefriedigend ausfallen. Genauso schlecht aber ist es, gar nichts zu tun, da sich sonst unser Grund über kurz oder lang in ein Stück Urwald zurückverwandelt. Bleibt nur eine Option: ein Schnitt (bei der man der Methode und Wirkung Achtsamkeit schenkt).

Die zahlreichen Schnittanleitungen und -methoden lassen sich auf ein paar Grundregeln reduzieren. Am wichtigsten ist zunächst einmal die Frage, warum wir eine Pflanze schneiden. Mit einem Schnitt fördert man die Blüte oder den Fruchtansatz, zum Beispiel bei einer Rose und einem Apfelbaum, befreit eine Pflanze von abgestorbenem oder kranken Holz und schafft ein kräftiges, ästhetisch ansprechendes Gerüst. Durch Abzwicken der Spitze eines Leittriebs regt man eine Pflanze zu buschigerem Wuchs an. Wer versteht, warum er schneidet, kann bewusst und achtsam schneiden. Das garantiert optimale Ergebnisse für die Pflanze und den Gärtner.

Schneiden ist eine ausgezeichnete Achtsamkeitsübung, denn es erfordert Konzentration und den Willen, die Arbeit gut zu erledigen. Man braucht es nur mit dem Gegenteil zu vergleichen: Der Schnitt mit einer lauten Maschine ist Gärtnern auf Autopilot. Die Beziehung zur Pflanze ist enger, wenn man Handwerkzeug wie Gartenscheren, Astscheren oder Handsägen verwendet. Mit ihnen spürt man jeden Schnitt. Die Mühe, die der Gärtner in seine Ausführung steckt, bedeutet, dass er sich vorab über seine Umsetzung Gedanken macht.

Durch einen Schnitt schafft man Raum für die Pflanze. Sie kann neu und besser austreiben. Bleibt man dabei zurückhaltend und kürzt neue Triebe jedes

Sehen

Sie, welche Farbe die Blätter haben und ob sie gesund oder krank und fleckig wirken. Sehen Sie die welken Blüten und wie dicht sie stehen, das Astgerüst und ob es offen ist, sodass Luft darin gut zirkulieren kann, oder zugewuchert, mit vielen kleinen (und vielleicht abgestorbenen) Trieben in der Mitte. Erkennt man Anzeichen einer Krankheit oder Welke?

Riechen

Sie das frisch geschnittene Holz und die kühle Luft.

Fühlen

Sie das Gewicht der Gartenschere, Astschere oder Säge in der Hand, den weichen Griff, das kalte Metall der Klinge, die Zweige und Blätter an Hand, Armen, Körper und Beinen, den Tau auf der Haut, die Äste, an denen Sie sich festhalten, die raue oder glatte Borke und die Spannung in Ihrer Hand beim Schneiden.

Hören

Sie das Knarren überladener oder kranker Äste, den Wind, der durch die Blätter streicht. Gelangt er überhaupt bis in die Mitte der Pflanze? Lauschen Sie dem Summen der Insekten.

Jahr nur wenig ein, bekommt man eine kräftigere Pflanze. Das sieht nach weniger aus, bringt aber in Wirklichkeit mehr: mehr Platz und mehr Energie. Dasselbe gilt für unseren mentalen Einsatz: Durch Entfernen von unnützen Gedankenzweigen schaffen wir in unserem Geist Raum für Besseres. Wir haben ihn – im konkreten wie übertragenen Sinne – ausgelichtet.

Legen Sie sich das Werkzeug zurecht und erden Sie sich (siehe *An der Schwelle innehalten* auf Seite 55–57). Sehen Sie sich nun die Pflanze, ihre Blätter (falls sie zum Zeitpunkt des Schneidens überhaupt welche trägt), die Triebe oder den Stamm gut an und überlegen Sie, was herausgenommen werden soll. Wo setzen Sie an? Finden Sie das lebende Holz unterhalb einer abgestorbenen oder kranken Stelle und suchen Sie sich dort eine gesunde, nach außen zeigende Knospe, oberhalb der Sie den Schnitt ansetzen. Das Entfernen des Triebs muss für die Pflanze von Vorteil sein. Bringen Sie sich in Position, um den Schnitt durchzuführen, und fangen Sie an. Nehmen Sie die Bewegungen beim Schneiden bewusst wahr. Sobald Ihre Gedanken abschweifen, führen Sie die Aufmerksamkeit wieder auf Ihre Sinneswahrnehmung zurück.

Treten Sie zum Schluss zurück und begutachten Sie die Arbeit. Nutzt sie Ihnen, der Pflanze und dem restlichen Garten?

Umgraben

Wie immer beim achtsamen Gärtnern zieht die Abgleichung unserer Interessen mit denen der Natur und das Verständnis für die Zusammenhänge ein effizienteres und erfolgreicheres Arbeiten mit sich. Das Umgraben, eine der rhythmischsten Tätigkeiten im Garten, bietet eine perfekte Gelegenheit, achtsam zu sein.

Früher war das Umgraben eine typische Winterarbeit und Aufgabe der Männer. Die Beete wurden zwei Spaten tief umgegraben. Heute verstehen wir die Bodenflora und -fauna besser und wissen, dass der Boden ein unglaublich komplexes Ökosystem ist. In ihm sind unzählige Tiere und Pilze am Werk, die die ganze Umgraberei für uns erledigen würden, wenn wir sie bloß ließen. Durch das Umgraben bringt man nur das labile Gleichgewicht in Unordnung.

Trotzdem gibt es Umstände, unter denen ein Umgraben angemessen ist, insbesondere wenn man neue Beete anlegt oder verdichtete Areale belüften will. In diesen Fällen ermöglicht das Umstechen ein Einarbeiten von gut verrottetem Gartenkompost oder anderem organischen Material, um die Bodenflora und -fauna zu fördern und verhärtete Stellen aufzubrechen, was die Dränage und Durchwurzelung verbessert. Bei der Gelegenheit können gleich große Steine und die Wurzeln mehrjähriger Unkräuter entfernt werden, damit die Pflanzen beim Einpflanzen optimale Bedingungen vorfinden.

Bringen Sie zunächst alles, was Sie brauchen – Spaten oder Grabgabel, Rechen und eventuell einen Schubkarren mit Kompost –, zu der Stelle im Garten, an der Sie umgraben wollen. Räumen Sie weg, was Sie ablenkt und zerstreut, also Radio, Telefon oder Smartphone, und erden Sie sich mit ein paar tiefen Atemzügen (siehe *An der Schwelle innehalten* auf Seite 55–57).

Arbeiten Sie sich mit Methode Reihe um Reihe voran. So behalten Sie am besten einen steten Rhythmus bei und verhindern, dass Sie einzelne Flecken vergessen. Der Fokus in dieser Übung liegt auf dem Hineinstechen und Herausziehen des Spatens. Das öffnet Sie für eine achtsame Aufnahme Ihrer Umgebung. Die Hauptarbeit, das Umgraben des Bodens, ist eine ausreichend lange Übung. Aber auch wenn Sie nur wenig umzugraben haben oder noch weitermachen wollen, arbeiten Sie mit derselben Methode beim Einarbeiten des Komposts sowie dem abschließenden Harken der Oberfläche, bis der Boden eine feinkrümelige Struktur hat. Tonböden werden zunächst nur grob im Frühwinter umgegraben, sodass große Klumpen bleiben, die Sie bis zum Spätwinter liegen lassen. Bis dahin hat sie das ständige Gefrieren und Wiederauftauen aufgebrochen, sodass Sie nur noch leicht darüberarbeiten müssen.

»Wir müssen
unseren Garten
bestellen.«

Voltaire,
Philosoph und Autor

Konzentrieren Sie sich beim Umgraben auf die Bewegungen Ihres Körpers und spüren Sie, welche Muskeln in Armen, Beinen und Rumpf Sie einsetzen. Fühlen Sie die Belastung beim Heben des beladenen Spatens und die Erleichterung, wenn die Erde von ihm herunterrutscht, aber auch das Beugen der Knie und Ellbogen sowie den Schritt zurück mit jedem neuen Spatenstich. Richten Sie Ihre Aufmerksamkeit nach einigen Minuten auf das Bein, das den Spaten in den Boden drückt, und nutzen Sie diese regelmäßige Bewegung als Anker für Ihren Geist. Falls die Gedanken abschweifen, bringen Sie sie jedes Mal zurück, indem Sie die Muskeln in Ihrem Oberschenkel beim Einstechen des Spatens bewusst fühlen. Während Sie den Fokus bewahren, werden Sie auch empfänglicher für die Welt um sich herum.

Sehen

Sie den blanken Spaten in den Boden gleiten, die verschiedenen Brauntöne der Erde, die Unebenheiten, Vertiefungen und Klumpen, die Würmer und anderen Bodenlebewesen, Ihren Atem in der kalten Luft.

Fühlen

Sie den glatten Spatengriff und wie er mit der Zeit in Ihren Händen wärmer wird, die raue Textur der Steine, das kalte Laub der Unkräuter sowie die Wurzeln beim Herausholen und das wechselnde Gewicht des Spatens.

Hören

Sie das Klacken, wenn das Metall des Spatens auf Steine trifft, das Singen der Vögel, die auf einen von Ihnen ausgegrabenen Leckerbissen warten, und den dumpfen Aufprall der Erdklumpen beim Fallenlassen.

Riechen

Sie die kühle Luft, den süßen Kompost und das zerdrückte Laub der Unkräuter.

KAPITEL 5

Projekte für Achtsamkeitsgärten

Diese neun Projekte sind kleine Achtsamkeitsübungen. Während im Kapitel *Die Praxis des achtsamen Gärtnerns* (Seite 126–171) gezeigt wurde, wie man Achtsamkeit bei alltäglichen Gartenarbeiten umsetzt, bekommen Sie hier Gelegenheit, sich etwas Raum im Geist zu schaffen und eine Auszeit zu nehmen.

Mit jedem Projekt wird außerdem ein bestimmter Gefühlszustand oder eine Einstellung, auf die wir uns während der Übung konzentrieren wollen, in den Mittelpunkt gerückt, zum Beispiel *Dankbarkeit* (siehe Seite 214–215) oder *Großzügigkeit* (siehe Seite 194–195). Vor allem Dankbarkeit und Wertschätzung erhöhen nachweislich unsere Zufriedenheit – allein dadurch, dass wir uns eingestehen, wofür wir dankbar sind. 2003 verglichen Wissenschaftler in einer Untersuchung das Aufschreiben von Ärgernissen bzw. das einfache Festhalten von Ereignissen mit dem Notieren von drei Dingen, für die die Teilnehmer jeden Tag dankbar waren. Letzteres machte die Probanden glücklicher, optimistischer und physisch gesünder (ja, sie betätigten sich danach sogar mehr körperlich!).

Positiv denken

Durch Kultivieren einer positiven Haltung erzeugen wir um uns herum eine positive Atmosphäre, die sich wiederum vorteilhaft auf uns selbst auswirkt. Ganz egal, ob man religiös ist oder an Lebenskraft (Karma, Chi, Prana) glaubt, Selbstsicherheit und bejahende Gefühle sind mit Sicherheit besser als das Gegenteil. Indem wir eine Pflanze nähren, stellen wir fest, dass wir auch uns damit versorgen. Durch das Abgeben von Pflanzen erzeugen wir in uns ein Gefühl des Überflusses, nicht der Not. Geduld, Neugier, Freundlichkeit und Kreativität sind Emotionen, die durch Achtsamkeit gefördert werden. Wenn wir das negative Geschwätz in unserem Geist zum Schweigen bringen, merken wir, dass mehr Raum für positive Gefühle ist. Versuchen Sie die Aufgaben mit der Haltung eines Anfängers anzugehen, selbst wenn Sie schon ein erfahrener Gärtner sind. Denn als Einsteiger sind wir von Natur aus neugieriger: Wie funktioniert das, warum machen wir das? Das Leben scheint dann viel mehr Möglichkeiten zu bieten, als wenn wir denken, dass wir schon alle Antworten kennen.

Die Übungen können zehn Minuten, über eine Stunde oder über mehrere Monate hinweg jeweils ein paar Minuten täglich durchgeführt werden. Versuchen Sie beim Bearbeiten des Bodens und der Pflege der Pflanzen jedes Mal, Ihre Arbeit mit der gleichen wachen Aufmerksamkeit zu absolvieren. Konzentrieren Sie sich auf Ihre Bewegungen, und Sie werden automatisch eine Achtsamkeit gegenüber der Welt um sich herum entwickeln.

Sie müssen die einzelnen Kontemplationen nicht mit einbauen, wenn Sie nicht wollen, aber sie können die Übung intensivieren. Sie sollten wie bei allen Achtsamkeitsübungen damit beginnen, dass Sie Ablenkung wie Radios oder Telefone entfernen und sich mit einigen tiefen Atemzügen erden (siehe *An der Schwelle innehalten* auf Seite 55–57).

Tomaten aus Samen ziehen

Einjährige, also Pflanzen, die in einem Jahr bzw. einer Saison keimen, blühen, Früchte bilden und Samen ansetzen, sind die idealen Kandidaten für eine Übung in Sachen Pflanzenpflege. Wir können ein Gewächs vom Anfangsstadium bis zur Reife begleiten und uns in jeder seiner Entwicklungsphasen gut um es kümmern. Es gesund wachsen zu sehen macht schon Spaß, aber überdies noch die Blüten und Früchte zu sehen ist ein großer Lohn für unsere Mühe. Wir genießen ihre Frucht umso mehr, wenn wir wissen, dass sie der Höhepunkt im Leben der Pflanze ist.

»Wer einen Garten kultiviert und Blüten sowie Früchte zur Vollendung bringt, kultiviert und entwickelt zugleich seine eigene Natur.«

Ezra Weston,
Gärtner

Pflege

Wenn Sie Ihre Tomatenpflanze pflegen, denken Sie über die Aufmerksamkeit nach, die Sie ihr zuteilwerden lassen. Die Pflanze hat ihre ganze Energie in das Ansetzen von Samen gesteckt, damit diese nun selbst Pflanze werden können. Jedes Samenkorn birgt in sich einen Trieb, Blätter und Wurzeln. Um sein Potenzial zu entfalten, braucht es lediglich optimale Bedingungen. Pflegen bedeutet ständige Bedürfnisbefriedigung und außerdem Hingabe. Man kann nicht etwas ins Leben setzen und dann im Stich lassen. Wenn eine Pflanze wächst, ändern sich ihre Bedürfnisse. Darauf müssen Sie eingehen, selbst wenn es bedeutet, dass man dem Gewächs etwas wegnimmt. Durch Anbau einer Tomate bekommen Sie Tomaten als Nahrung. Was Sie nähren, nährt wiederum Sie.

1 Besorgen Sie sich im zeitigen Frühjahr einen Pflanztopf, Aussaat- oder Pflanzerde und eine Packung Tomatensamen. Erden Sie sich einen Augenblick (siehe *An der Schwelle innehalten* auf Seite 55–57).

2 Füllen Sie einen kleinen Topf mit Erde und klopfen Sie ihn auf die Arbeitsfläche, damit die Erde sich setzt. Dann wird gründlich gewässert. Streuen Sie die Samen dünn auf die Oberfläche und decken Sie sie mit einer dünnen Erdschicht ab. Stellen Sie den Topf an einen warmen Platz mit mindestens 15 °C, besser noch um die 20 °C. Wenn Sie eine durchsichtige Plastiktüte darüberstülpen, erhöhen Sie die Temperatur und Luftfeuchtigkeit darunter.

3 Prüfen Sie den Topf täglich und wässern Sie bei Bedarf. Die Erde muss immer feucht bleiben. Nach 1–2 Wochen sollten die Samen keimen.

4 Sobald die ersten Sämlinge erscheinen, wird die Tüte abgenommen. Stellen Sie den Topf an einen möglichst hellen Platz, an dem es aber relativ warm und nicht zugig ist. Beobachten Sie die gebogenen Sämlinge, wenn sie durch die Oberfläche stoßen und sich strecken, die Blätter hochrecken und zum Licht hin wachsen. Der Trieb ist anfangs weiß, wird im Licht aber bald grün. Wässern Sie weiter gut, denn die Topferde braucht die Feuchtigkeit.

5 Bald bilden die Sämlinge die ersten »echten« Blätter. Sie haben einen gezähnten Rand und ähneln bereits den Blättern ausgewachsener Tomatenpflanzen (die Keimblätter hatten noch einen glatten Rand). Sobald sich echte Blätter entwickelt haben, vereinzelt man die kräftigsten Sämlinge, setzt sie also in einen eigenen Topf. Füllen Sie dazu je einen Topf pro Sämling mit Topferde, wie unter Punkt 2 beschrieben. Halten Sie den Sämling vorsichtig an einem echten Blatt und hebeln Sie seinen Wurzelballen mit einem Stift aus dem alten Topf. Setzen Sie ihn in den neuen Topf, indem Sie mit dem Stift ein Loch in das Substrat stechen, die Wurzeln hineinsetzen und das Loch wieder mit Erde füllen. Stellen Sie alle neuen Töpfe an einen warmen, hellen Platz.

6 Werfen Sie täglich einen Blick auf alle Pflanzen und drehen Sie sie, damit sie aufrecht wachsen und sich nicht zum Licht neigen. Zudem müssen sie bei Bedarf gewässert werden. Sobald ein Pflänzchen zu groß für seinen Topf wird und kein Frost mehr droht, kann man sie abhärten, bis sie in ihr endgültiges Gefäß oder ins Freiland gepflanzt werden. Dazu stellt man sie ein paar Tage lang nur tagsüber und dann noch mal ein paar Tage auch nachts nach draußen und deckt sie mit etwas Gartenvlies oder Zeitungspapier ab. Danach können sie dauerhaft draußen bleiben.

7 Beim Auspflanzen ins Freiland gräbt man ein Loch und drückt die Pflanzen mit dem Wurzelballen hinein, damit ein guter Kontakt zwischen Ballen und Boden hergestellt wird. Drücken Sie aber nicht auf den Bereich neben dem Ansatz des Triebs, da sonst die frischen Wurzeln abbrechen können. Wässern Sie jede Pflanze gründlich und drücken Sie eine Rute oder andere Stütze ins Erdreich.

8 Wenn der Trieb weiterwächst, bindet man ihn mit einer Schnur regelmäßig an seine Stütze. Sobald er das obere Ende seiner Stütze erreicht, zwickt man die Spitze des Haupttriebs ab – inzwischen sollten sich drei bis vier Tomatenrispen gebildet haben. Zwicken Sie auch die unteren Blätter ab, da dies die Fruchtreifung fördert. Entfernt werden außerdem alle kleinen Triebe, die sich in den Achseln zwischen Rispen bzw. Blättern und dem Haupttrieb zeigen.

9 Wässern Sie jede Pflanze nach Bedarf und versorgen Sie sie mit einem speziellen Tomatendünger oder einem Präparat auf Seetangbasis. Halten Sie sich dabei an die Dosierempfehlungen der Hersteller. Sind die Tomaten reif, werden sie geerntet und so bald wie möglich nach dem Abzupfen genossen.

Einen Kräutergarten anlegen

Kräuter sind eine hervorragende Bereicherung für Achtsamkeitsgärten. Sie duften und haben in der Regel relativ kleine Blüten, bei denen sich ein genaueres Hinsehen anbietet. Außerdem haben sie unterschiedliche Laubformen, die interessant anzusehen und zu berühren sind. Und zu guter Letzt schmecken sie auch noch. Man kann Kräuter problemlos in Töpfen oder Fensterkästen ziehen. Hat man sogar Platz im Freiland für sie, kann man sie dort in kreativen Mustern pflanzen und mit ihren Formen und Texturen spielen.

> »Wer einen Garten bepflanzt hat, spürt, dass er der Welt Gutes getan hat.«

Charles Dudley Warner,
Schriftsteller

Ein Kräutergarten mit blühendem Schnittlauch.

Wertschätzung

Wertschätzung ist eine Grundvoraussetzung der Achtsamkeit. Denn um etwas zu bewundern, muss man zuerst zur Kenntnis nehmen, dass es da ist. Wie oft geht man an schönen Blüten vorbei oder bezahlt an der Kasse eines Supermarkts, ohne die Kassiererin groß anzusehen (und zu grüßen), weil man zu sehr seinen Gedanken nachhängt? Wer dagegen achtsam ist, nimmt die Welt um sich herum wahr. Das ist die Voraussetzung, um sie zu respektieren und zu begreifen. Etwas wertzuschätzen heißt, es zu sehen, zu verstehen und dankbar dafür zu sein.

Sehen Sie sich beim Pflanzen eines Kräutergartens jedes Kraut gut an. Fühlen Sie die Textur seines Laubs und atmen Sie seinen Duft tief ein. Wertschätzen Sie zugleich Ihren ganzen Kräutergarten – für seine Schönheit, seinen Duft und den Geschmack, den die Kräuter darin Ihren Gerichten geben. Schätzen Sie die Kräuter aber auch, weil sie anderen Freude bereiten, die an Ihren Gerichten teilhaben.

Nehmen Sie diese Empfindung mit und nutzen Sie den Kräutergarten als Erinnerung daran, immer dankbar zu bleiben. Denken Sie bei seinem Anblick jedes Mal an drei Dinge, die Sie schätzen. Das kann Belangloses sein, etwa ein Café, das einen hervorragenden Kaffee anbietet, oder Bedeutendes wie Ihre Familie, Freunde oder Haustiere. Wenn Sie die Menschen in Ihrem Leben schätzen, sagen Sie es ihnen und beobachten Sie, wie die Saat der Wertschätzung und Zufriedenheit aufgeht, ob bei Ihrer Familie und Freunden – oder der belagerten Kassiererin.

1 Suchen Sie sich einen Platz für Ihren Kräutergarten aus. Die meisten Kräuter wollen möglichst viel Sonne, aber einige kommen auch mit Halbschatten zurecht. Dazu gehören Schnittlauch (*Allium schoenoprasum*), Petersilie (*Petroselinum crispum*) und Liebstöckel (*Levisticum officinale*). Alle aber brauchen gute Erde, die im Winter nicht zu nass wird.

2 Erstellen Sie eine Liste der Kräuter, die Sie gern anbauen möchten. Das können ausschließlich Küchenkräuter sein, aber auch ein Mix aus Arznei- und Küchenkräutern oder ein Arrangement nur aus Duftpflanzen wie Lavendel (*Lavandula*) und der Scharlach-Indianernessel (*Monarda didyma*) ist in Ordnung. Schätzen Sie in etwa ab, wie viel Platz jedes Kraut braucht. Auf eine Fläche von 1 x 1 m passen grob gerechnet fünf Stauden oder kleine Sträucher. Kräutergärten kann man sehr gut symmetrisch bzw. geometrisch anlegen und mit einer kleinen Hecke aus einem bestimmten Kraut einfassen, etwa mit Schnittlauch, Thymian oder Lavendel. Die Ecken lassen sich gut mit größeren Gewächsen wie Rosmarin und Lorbeer markieren. Die Kräuter, die Sie am häufigsten nutzen, kommen an einen Platz, den Sie bequem vom Weg oder von Trittsteinen aus erreichen können, denn Sie sollen den Boden des Beets nicht durch Darauftreten verdichten.

3 Wässern Sie die Kräuter in ihren Töpfen gut und legen Sie eine Grabgabel sowie einen Rechen zum Bearbeiten des Bodens bereit, außerdem eine Handschaufel oder einen Handspaten zum Einpflanzen der Kräuter. Dann erden Sie sich einen Augenblick (siehe *An der Schwelle innehalten* auf Seite 55–57).

4 Der Boden muss frei von Unkräutern und großen Steinen sein. Sie sollten ihn mit einer Grabgabel leicht gelockert haben. Harken Sie die Oberfläche eben und stellen Sie die Pflanzen darauf. Jetzt können Sie ruhig eine Weile verschiedene Arrangements ausprobieren, bis Sie vollends zufrieden sind.

5 Pflanzen Sie die Kräuter ein. Dazu wird für jedes Exemplar ein Loch von der doppelten Breite des Wurzelballens ausgehoben. Dann stellt man die Pflanzen hinein, füllt Erde um den Ballen ein und drückt sie fest. Zum Schluss wird noch gut gewässert und der Boden noch einmal geharkt, um Fußabdrücke zu beseitigen.

6 Sobald die Kräuter gut eingewachsen sind, kann man erste Zweiglein ernten. Setzen Sie sich hin, betrachten Sie Ihr Werk eine Weile und riechen Sie an den geernteten Kräutern in Ihrer Hand. Jetzt können Sie sie ins Haus bringen und in eine Vase stecken oder in der Küche verwerten.

Einen Baum pflanzen

Das Pflanzen eines Baums, insbesondere eines großen wie einer Eiche (*Quercus*), wird oft als selbstloser Akt beschrieben. Denn wenn das Gehölz ordentliche Dimensionen erreicht, sind wir schon längst nicht mehr da, um es zu genießen. Zwar tragen wir beim Pflanzen eine große Verantwortung: Wir müssen unter anderem die endgültige Größe des Baums in Betracht ziehen und überlegen, wo er Schatten wirft, ihn aber auch gut pflegen, damit er zu einem gesunden, schönen Exemplar heranwächst. Trotzdem können wir selbst in seinen Anfangsjahren als Jungbäumchen durchaus schon etwas von ihm haben und Befriedigung aus dem Wissen schöpfen, Gutes für kommende Generationen getan zu haben.

>»Selbst wenn ich wüsste, dass morgen die Welt unterginge, würde ich heute noch ein Apfelbäumchen pflanzen.«

Martin Luther
zugeschrieben,
Theologe und Reformator

Geduld

Das moderne Leben fördert Geduld nicht gerade. Besonders die Technologie ist heute darauf ausgelegt, alles zu beschleunigen. Nachrichten sind sofort verfügbar – oft schon bevor man genau weiß, was passiert ist. Jeder hat es eilig und die Netten bleiben auf der Strecke. Bäume dagegen zeigen Standhaftigkeit. Sie wachsen langsam, werden dafür aber kräftig. Würden sie binnen eines Jahres zu ihrer endgültigen Größe emporschießen, wären sie weich, schwach und brüchig. Wer sich die Langmut von Bäumen aneignen kann, bleibt über lange Strecken ausdauernd, statt nur zu spurten und dann ausgebrannt zusammenzubrechen. Veränderungen – Achtsamkeit lernen, gärtnern, auf eine Beförderung hinarbeiten – brauchen Zeit.

Geduld gilt gemeinhin als Tugend, als etwas, was nur Heilige haben. Aber sie ist eine Fähigkeit wie jede andere auch und kann erworben werden. Mangelnde Geduld trübt unseren Blick, und wer nicht klar sieht, kann nicht achtsam sein. Ausgeglichen zu sein heißt zu verstehen, was uns ungeduldig macht. Wir alle haben Auslöser, die uns zunächst impulsiv oder sogar ungehalten und wütend machen – Gefühle, die sich nicht gut anfühlen.

Um gelassener zu werden, sollten wir etwas in unserem Leben verändern. Wer viel arbeitet und auch zu Hause nicht zur Ruhe kommt, kann Aufgaben delegieren oder sich in eine gewisse Routine für die Zeit während des Tages flüchten, die man immer mehr oder weniger gleich absolviert. Wenn Sie ungeduldig werden, überlegen Sie, was Sie so ungeduldig macht, schalten einen Gang zurück und atmen ein paarmal tief durch. Beurteilen Sie sich nicht selbst, sondern finden Sie einfach den Auslöser. Das nächste Mal können Sie versuchen, ihn zu vermeiden. Manchmal hilft es auch, sich von der Situation zu lösen und das größere Ganze zu sehen, oder es aus der Sicht eines anderen zu betrachten (die Frau vor Ihnen in der Schlange braucht ewig, bis sie bezahlt hat, aber vielleicht ist das ihre einzige Gelegenheit am Tag, mit jemandem zu reden). Sie könnten sogar versuchen, einige Übungen einzubauen, um geduldig zu werden, indem Sie etwa bewusst einen längeren Nachhauseweg nehmen – und ihn achtsam gehen. Oder Samen so pflanzen, wie Ihr Nachwuchs es gern hätte.

Vor allem aber sollten Sie sich den Baum vorstellen. Er ist noch immer da, wächst langsam und ist geduldig. Bäume sind unsere Brücke zur Ewigkeit. Man stelle sich vor, was alte Baumpersönlichkeiten bereits erlebt haben und junge noch erleben werden. Sie leben im Augenblick und hetzen nicht zum nächsten oder wünschen sich woanders hin, weil sie auf das Morgen warten.

1 Suchen Sie sich Ihr Werkzeug – Spaten und Grabgabel – zusammen, außerdem das Bäumchen und etwas Komposterde zum Mulchen. Erden Sie sich kurz (siehe *An der Schwelle innehalten* auf Seite 55–57).

2 Wässern Sie den Baum in seinem Topf gründlich. Nutzen Sie den Augenblick, um das Wasser zu beobachten, wie es in den Topf fließt.

3 Graben Sie ein Loch, das zwei- bis dreimal so breit und genauso tief ist wie der Wurzelballen des Gehölzes.

4 Graben Sie den Boden des Lochs mit der Grabgabel um.

5 Stellen Sie den Baum in das Loch, halten Sie ihn fest und schieben Sie die Erde zurück in das Loch. Jetzt ist auch der ideale Zeitpunkt, die Wurzeln zu wässern.

6 Treten Sie die Erde um den Stammansatz mit den Füßen fest. Der Stamm muss aufrecht stehen bleiben.

7 Wässern Sie den Ballen ein weiteres Mal und streuen Sie eine dicke Mulchschicht auf den Wurzelraum. Der Mulch darf den Stamm jedoch nicht berühren.

8 Treten Sie zurück und begutachten Sie Ihre Arbeit. Steht der Baum am richtigen Platz? Wenn Sie ihn noch einmal versetzen wollen, dann jetzt – selbst wenn Sie ihn wieder herausholen müssen. Machen Sie eine Pause und atmen Sie einige Male tief durch, bevor Sie zur nächsten Aufgabe übergehen oder aufräumen. Sehen Sie sich währenddessen den Baum noch einmal genau an. Er steht jetzt vielleicht Hunderte Jahre dort, hat es aber nicht eilig, diese Zeit hinter sich zu bringen. Er ist geduldig. Und Sie können das auch sein.

Ein Terrarium anlegen

Ein Terrarium ist eine Welt im Glas, ein Ökosystem im Kleinstformat. Doch nicht nur als vollwertigen Minigarten und ungewöhnliches Dekor für den Schreibtisch oder den Küchentisch sollte man es schätzen. Es eignet sich auch bestens, die vielfältigen Zusammenhänge in der Natur zu demonstrieren – auf philosophischer Ebene für Sie selbst (siehe Seite 36) und zur Veranschaulichung natürlicher Gesetzmäßigkeiten für Kinder.

»Zu sehn die Welt im Korn aus Sand
Und den Himmel im Blütengrunde,
Halt Unendlichkeit in deiner Hand
Und Ewigkeit in der Stunde.«

William Blake,

Dichter

Kakteen und Sukkulenten
brauchen offene Terrarien.

Kreativität

Um kreativ zu sein, muss man kein Künstler oder Erfinder sein. Jeder kann sich jeden Tag etwas Neues ausdenken, ob in der Arbeit oder zu Hause – etwa um ein Logistikproblem in der Versorgungskette zu lösen oder den aufsässigen Teenager dazu zu bringen, sein Zimmer aufzuräumen. Einfallsreichtum kann auch dazu beitragen, das Leben in vollen Zügen zu genießen, indem es hilft, einmal etwas anders zu machen oder sogar einen ganz neuen Lebensweg zu gehen. Allerdings bringt einen der bloße Beschluss »Jetzt will ich kreativ sein« nicht weiter. Wenn man sich mit einem leeren Blatt Papier hinsetzt und Kreativität vornimmt, endet das unweigerlich in Frustration und Stress. Umgekehrt kann man unbekümmert ins Bett gehen und mit einer so exzellenten Idee aufwachen, dass man gar nicht versteht, warum man nicht früher darauf gekommen ist. Das liegt daran, dass im Schlaf die Gehirnregionen, die die Kreativität behindern, ausgeschaltet sind, sodass der fantasievolle Bereich freie Bahn hat.

Achtsames Arbeiten funktioniert genauso, allerdings auch in hellwachem Zustand. Es verschafft Klarheit und fokussiert. Das Bewusstsein gelangt in einen Ruhezustand, in dem unwichtige Gedanken weniger stark ablenken. Achtsames Meditieren fördert, wie eine Reihe von Untersuchungen gezeigt hat, das Denken in neuen Wegen (also die Fähigkeit des Gehirns, auf neue Ideen zu kommen) und löst kognitive Starrheit (das Denken in eingefahrenen Wegen). Kurzum: Achtsamkeit kann der Kreativität einen Schub geben. Ein ruhigerer Geist erkennt eher den großen Geistesblitz, in einem unruhigen dagegen ist die Gefahr groß, dass er unerkannt vorbeizieht. Manche großen Unternehmen fördern Achtsamkeitspraktiken am Arbeitsplatz, da sie festgestellt haben, dass sie die Produktivität und den Innovationsgeist unter den Angestellten erhöhen.

Das tägliche Praktizieren von Achtsamkeit, ob in Form sitzender Meditation oder einer aktiven Tätigkeit wie Jäten, macht Sie im Alltag kreativer. Schreiben Sie eine konkrete Herausforderung oder ein Problem, das eine originelle

Lösung erfordert, so detailliert wie möglich auf. Vergessen Sie es anschließend völlig und konzentrieren Sie sich ganz auf den Bau Ihres Terrariums. Halten Sie Papier und Stift bereit, denn vielleicht kommen Ihnen spontan Ideen. Schreiben Sie sie auf – und wenden Sie sich wieder Ihrem Terrarium zu.

1 Suchen Sie sich ein Behältnis, das als Terrarium herhalten kann. Es sollte aus durchsichtigem Glas sein, damit so viel Licht wie möglich hineinfällt. Irgendwie müssen Sie außerdem die Pflanzen hineinbekommen, die Öffnung sollte also nicht zu klein sein. Hat der Behälter einen Deckel, können Sie ein geschlossenes System schaffen, in dem sich Luft und Wasser in einem Kreislauf befinden. Aber auch ein offenes Gefäß tut es; Sie müssen es nur gelegentlich wässern.

2 Sie brauchen außerdem ein bisschen Aktivkohle, um die Vermehrung von Bakterien zu verhindern und das Wasser sauber zu halten (Aktivkohle gibt es in Tier- und Aquarienhandlungen, da man sie für Wasserfilter braucht. Ebenfalls benötigt werden Kies, Sand oder Glassteinchen und etwas Topferde (am besten gekaufte, weil sie weniger keimbelastet ist).

3 Suchen Sie sich ein paar Pflanzen aus. Ideal sind Minifarne, doch lässt sich auch ein einfacher Moosteppich mit ein paar Zweiglein als Dekoration anlegen. In offenen Terrarien kann man Sukkulenten verwenden (in geschlossenen Systemen ist es ihnen jedoch zu feucht). Auch hier ist der Einsatz von Dekomaterial möglich, sofern es nicht rosten oder faulen kann.

4 Erden Sie sich ein paar Augenblicke (siehe *An der Schwelle innehalten* auf Seite 55–57). Geben Sie eine Schicht Kies, dann eine Schicht Aktivkohle und zum Schluss eine Schicht Erde in das Gefäß. Die Erdschicht muss so dick sein, dass sich die Wurzeln darin ausbreiten können. Die drei Schichten zusammengenommen sollten etwa ein Drittel der Gefäßhöhe einnehmen.

5 Pflanzen Sie die Gewächse in die Erde. Sie können vorher die Erde von den Wurzeln waschen und sie lockern, um sich das Einpflanzen zu erleichtern.

6 Bedecken Sie nackte Erde mit etwas Kies oder Moos und wässern Sie die Pflanzen anschließend vorsichtig ein, bis die Erde gut feucht ist. Auf geschlossene Terrarien kommt noch ein Deckel.

7 Stellen Sie das Terrarium an einen hellen Platz, jedoch nicht in die pralle Sonne, da es sich sonst zu stark aufheizt. Ggf. müssen Sie es hin und wieder drehen.

8 Geschlossene Terrarien können in der Regel sich selbst überlassen werden. Es reicht, das Glas gelegentlich zu reinigen und die Pflanzen zu schneiden. Offene Terrarien müssen gewässert werden.

Geschenk im Topf

Anderen eine Freude zu machen und ihnen etwas zu schenken verschafft uns ein Gefühl der Befriedigung. Auch Gärtnern macht Freude, und diese in Form einer Topfpflanze weiterzugeben ist großzügiges Handeln. Wenn der Empfänger bereits ein begeisterter Gärtner ist, wird er um die Bereicherung seiner Pflanzenwelt froh sein. Wenn er sich noch nicht am Gärtnern versucht hat, wird er die Gabe als Gelegenheit nutzen, etwas Neues auszuprobieren. Geschenke werden besonders geschätzt, wenn sie selbstgemacht sind, denn sie zeigen, dass Zeit und Mühe in sie gesteckt wurde.

»Was ich wirklich gelernt habe und an andere weitergeben möchte, ist das dauerhafte Glück, das einem die Liebe zu einem Garten schenkt.«

Gertrude Jekyll,
Gartengestalterin und Autorin

In einem Topf kommen die Schönheit und der Duft von Krokussen am besten zur Geltung.

Großzügigkeit

Freigiebigkeit heißt nicht, zu Weihnachten großzügig Geschenke zu kaufen oder alles Geld auszugeben. Materieller Besitz, das wissen wir, macht uns nicht wirklich glücklich. Wesentlich besser ist es, Zeit und Energie anzubieten und ausgiebig zu danken, zu loben und zu ermuntern. Dies bedeutet den Empfängern wesentlich mehr. Das Geschenk, das am besten ankommt, heißt Aufmerksamkeit. Einem Freund aufrichtig zuzuhören, wenn er spricht, oder dem Ehepartner, wenn er uns von seinem Tag erzählt, das ist die Art von Großzügigkeit, die zählt. Achtsamkeit hilft uns, unseren Geist freizubekommen und den Fokus zur richtigen Zeit zurückzuführen, damit wir reichlich Aufmerksamkeit schenken können. Je mehr wir das praktizieren, desto leichter können wir dieses menschenfreundliche Verhalten auch außerhalb unseres engsten Kreises anderen zuteilwerden lassen – etwa der Kassiererin im Supermarkt.

Immer nur anderen gegenüber großzügig zu sein ist jedoch nicht der richtige Weg zur Zufriedenheit, denn er führt zu Erschöpfung. Wir brauchen auch etwas, das wir geben können, und dazu müssen wir großzügig zu uns selbst sein, unserem Körper und Geist Ruhe bieten, das Leben genießen. Wer Probleme hat zu geben, ob Aufmerksamkeit, Zeit oder anderes, muss sich fragen, warum das so ist. Fühlt er sich gestört und glaubt, was er tut, ist wichtiger? Es gibt die Geschichte von einem buddhistischen Mönch, der in Tibet eine Schule gegründet hatte. Er leitete gerade eine lange Zeremonie, als ein Kind hereinkam und um Hilfe bei den Hausaufgaben bat. Viele hätten das Kind weggeschickt und sein Ansinnen als zweitrangig abgetan. Der Mönch indes unterbrach sein Tun, machte mit dem Kind die Aufgaben und beendete dann die Zeremonie. Für ihn war das Kind ebenso sehr seiner Aufmerksamkeit wert wie seine eigene Aufgabe. Und er schenkte sie ihm freigiebig.

Auch Pflanzen können uns das lehren. Sie bieten uns Nahrung, ihre Schönheit und Schutz auf Gegenleistung. Das Projekt ist also in dreierlei Hinsicht großzügig. Die verwendeten Pflanzen sind großzügig gegenüber uns Schenkenden. Wir sind großzügig uns gegenüber, da wir uns die Zeit nehmen, mit ihnen zu arbeiten. Und wir sind großzügig gegenüber anderen, weil wir den Topf, in den wir Zeit und Mühe gesteckt haben, weitergeben. Damit hoffen wir, dass die Pflanzen dem Empfänger so viel Zufriedenheit geben wie uns – und vielleicht sein Interesse am Gärtnern entfachen, das ihm ebenfalls Glück schenkt.

1 Legen Sie alle Materialien und Pflanzen bereit. Sie brauchen einen Tontopf oder ein ähnliches Gefäß und genügend Pflanzen. Der Topf sollte in bepflanztem Zustand gut gefüllt wirken, doch brauchen die Gewächse noch Platz zum Atmen. Für das Geschenk können Sie Pflanzen hernehmen, die Sie in Ihrem Garten geteilt, angesät oder aus Stecklingen vermehrt haben. Ansonsten kann man sie auch kaufen. Wer soll den Topf bekommen? Schätzt sie oder er bestimmte Pflanzen oder Farben besonders? Sollen es eher Nutz- oder Zierpflanzen sein? Widmen Sie auch dem Arrangement selbst ein paar Gedanken: Alle Pflanzen sitzen im selben Topf und sollten daher ähnliche Ansprüche haben. Eine Sumpfpflanze und eine, die es eher trocken mag, passen nicht zusammen. Halten Sie einen Moment inne, bevor Sie sich ans Werk machen (siehe Seite 55–57).

2 Füllen Sie etwas Erde in den Topf und klopfen Sie ihn ein paarmal auf die Arbeitsfläche, um Lufteinschlüsse zu beseitigen. Setzen Sie die Pflanzen hinein und arrangieren Sie alle ansprechend. Sind die Wurzelballen verdichtet, lockert man sie.

3 Füllen Sie um die Wurzelballen weitere Erde ein und drücken Sie alles gut fest, damit die Wurzeln ordentlich Halt finden. Zwischen Erde und Rand sollte noch mindestens 1 cm Abstand bleiben.

4 Wässern Sie die Pflanzen gründlich und warten Sie, bis sich die Erde setzt. Danach sieht man, ob noch Erde nachgefüllt werden muss.

5 Damit die Oberfläche der Topferde besser aussieht, kann man sie mit Moos bedecken. Man findet es in Gartencentern oder bei Floristen, kann es aber auch selbst aus seinem Rasen harken, abwaschen, um Tierchen zu entfernen, und so um die Pflanzen herum verteilen, dass die Topferde abgedeckt ist.

6 Natürlich sind auch dekorative Akzente erlaubt. So kann man Frühlingszwiebelblumen im Topf mit ein paar Ruten von Weiden (*Salix*) oder Ästen der Korkenzieher-Hasel (*Corylus avellana* 'Contorta') aufpeppen. Sofern man sie nicht selbst im Garten hat oder irgendwo auftreiben kann, bekommt man sie bei Floristen. Eine nette Idee ist es außerdem, ein paar handbeschriftete Etiketten hinzuzufügen, auf denen die Namen der Pflanzen stehen. Das schätzen erfahrene Gärtner ebenso wie Neueinsteiger.

»Wer nicht neugierig ist,
erfährt nichts.«

Johann Wolfgang von Goethe,

Dichter

Eine Blumenuhr pflanzen

Auf die Idee einer Blumenuhr kam erstmals der Botaniker Carl Linnaeus im 17. Jahrhundert. Linnaeus war es auch, der mit der Kombination aus zwei lateinischen Bezeichnungen die Grundlage für die heute noch übliche Nomenklatur der Pflanzen schuf. Sein Konzept für einen pflanzlichen Zeitmesser war einfach und einer Sonnenuhr nicht unähnlich. Er nahm an, dass sich durch uhrähnliches Arrangieren von Blumen, die ihre Blüten zu einer bestimmten Tageszeit öffneten, die Zeit ablesen ließ. Die konkrete Umsetzung erwies sich natürlich als nicht ganz so einfach, denn die Zeitzonen, Tageslängen und die Pflanzen selbst waren zu große Unsicherheitsfaktoren, sodass seine Idee im Sande verlief. Allerdings geriet die *horologium florae* nie so ganz in Vergessenheit, was beweist, wie faszinierend das Konzept ist.

Bei den meisten von Linnaeus für die Uhr vorgeschlagenen Pflanzen handelte es sich um Wildblumen, die in heutigen Gärten fast mit Sicherheit als Unkräuter gelten würden. Die für dieses Projekt vorgeschlagene Blumenuhr setzt sich aus ein paar Arten zusammen, die sich im Lauf des Tages verändern. Ein wirklich genaues Ablesen der Zeit ist mit ihnen allerdings nicht möglich. Ziel ist es vielmehr, ein Topfarrangement zu schaffen, das jedes Mal anders aussieht, wenn wir einen Blick darauf werfen.

Das erfordert offensichtlich eine gewisse Erfahrung in achtsamem Betrachten, soll aber auch die Neugier anregen. Wie verfolgt eine Blütenknospe den Stand der Sonne im Tageslauf? Was bringt eine Blüte dazu, sich zu öffnen und zu schließen? Wie macht sie das? Die Antwort auf alle diese Fragen finden sich in botanischen Fachbüchern oder online. Ich hoffe, Ihr Interesse ist so stark geweckt, dass Sie es wissen wollen.

Kalifornischer Kappenmohn
(*Eschscholzia californica*)

Neugier

Wenn Sie wissensdurstig sind, blicken Sie mit Staunen in die Welt, suchen etwas, was sie noch nicht gesehen haben, und wollen Erklärungen finden. Sie benutzen Ihre Sinne und sind auf sie fokussiert. Mit anderen Worten: Sie sind achtsam. Denn Neugier und Achtsamkeit gehen Hand in Hand. Achtsamkeit nährt Neugier, und Neugier nährt Achtsamkeit.

Neue Verbindungen zwischen den Neuronen im Gehirn entstehen mit am schnellsten, wenn man das Leben mit großen Augen, mit dem »Blick eines Neulings«, zu sehen versucht. Die ausgetretenen Pfade der eigenen Erfahrungen festigen nur Gewohnheiten und fördern das Leben auf Autopilot. Neugier dagegen hilft uns, die Existenz in ihrer Fülle zu erfahren. Versuchen Sie einmal, Ihre Umgebung mit anderen Augen zu sehen, selbst bei Routineaufgaben. Zum Beispiel beim Aufgießen einer Tasse Tee: Hören und fühlen Sie, als hätten Sie noch nie gehört und gefühlt. Genießen Sie beim Trinken den Inhalt, als wäre es das erste Mal. Sie werden Ihre Erfahrungen nicht komplett ausschalten können – das sollen Sie auch gar nicht, denn sie liefern Ihnen wertvolle Informationen, etwa dass es wehtut, wenn man sich kochendes Wasser über die Hand gießt. Versuchen Sie aber wo immer möglich mit frischen statt müden Augen auf etwas zu sehen. Wenn Sie zum Beispiel das nächste Mal Ihren Ehepartner oder eine gute Freundin sehen, überlegen Sie: *Sehen* Sie wirklich ihr Gesicht? Oder sehen Sie nur, was Sie zu (er)kennen glauben?

Neugier deckt die Vielfalt der Welt und der Natur auf. Durch sie merken wir, wie wenig wir eigentlich wissen. Wer wissensdurstig ist, stärkt den Geist, relativiert sein Urteilsvermögen und öffnet sich für neue Wege. Horchen Sie auch in sich hinein: Wie funktionieren Ihr Geist und Körper? Fühlen Sie sich körperlich anders, wenn Sie psychisch angespannt sind? Was passiert, sobald Sie ein paar tiefe Atemzüge nehmen, wenn Sie wütend sind? Bleiben Sie neugierig gegenüber sich *und* der Welt.

1 Suchen Sie sich ein großes Pflanzgefäß, Topferde, eine Handschaufel und ein paar Pflanzen aus der Liste auf Seite 201. Wenn Sie sich für die Prunkwinde (*Ipomoea*) entscheiden, brauchen Sie außerdem drei hohe Stützstäbe und eine Schnur. Sobald alles bereitliegt, erden Sie sich wieder (siehe *An der Schwelle innehalten* auf Seite 55–57).

2 Bedecken Sie den Boden des Gefäßes mit einer Schicht Topferde. Arrangieren Sie nun die Pflanzen darauf, während sie noch in ihren Töpfen stecken. Die Wurzelballen müssen sich auf gleicher Höhe befinden. Gegebenenfalls müssen die einzelnen Töpfe mit Erde unterpolstert werden.

3 Holen Sie jede Pflanze aus ihrem Topf und setzen Sie sie in das Pflanzgefäß. Anschließend stecken Sie, falls nötig, die Stützen in die Erde und binden sie am oberen Ende zu einer Pyramide zusammen.

4 Füllen Sie weitere Topferde zwischen die Wurzelballen, sodass sie im Gefäß gut festsitzen. Zwischen der Oberfläche der Erde und dem Gefäßrand sollte etwas Abstand bleiben, damit beim Gießen kein Wasser überschwappt.

5 Wässern Sie das Pflanzgefäß zum Schluss gründlich. Ist anschließend die Erde ein Stückchen abgesackt, füllt man etwas nach.

Pflanzen für die Blumenuhr

Die hier aufgeführten Pflanzen öffnen ihre Blüten entweder nur in der Sonne oder nur in der Dämmerung, blühen lediglich einen Tag lang oder duften nur zu bestimmten Tageszeiten. Die Blütenknospen einer Art folgen tagsüber sogar dem Lauf der Sonne (leider nicht auch ihre geöffneten Blüten). Seien Sie neugierig und finden Sie heraus, welche Pflanze was macht. Die Zusatzinformationen helfen Ihnen, ein hübsches Topfarrangement zusammenzustellen. Frostempfindliche Pflanzen dürfen allerdings erst nach draußen kommen, wenn mit Sicherheit kein Frost mehr zu erwarten ist. Einjährige besorgt man sich am besten als Setzlinge, wer sie aber lieber aussät, findet Tipps dazu unter *Tomaten aus Samen ziehen* auf Seite 176–179 und auf den Samenpäckchen.

Von links nach rechts: *Gladiolus tristis* var. *concolor* (Eintönige Gladiole), *Tagetes patula* (Gewöhnliche Studentenblume), *Hemerocallis* (Taglilien), *Nicotiana alata* 'Grandiflora' (Flügel-Tabak), *Gazania* (Gazanien)

Crocus (Krokusse): Frühjahrs- oder Herbstzwiebeln, bis 10 cm hoch, weiß, orange oder violett

Calendula officinalis (Garten-Ringelblume): nicht winterharte Einjährige für den Sommer, bis 30 cm hoch, rot, orange oder gelb

Eschscholzia californica (Kalifornischer Kappenmohn): Sommerblume, bis 30 cm hoch, rot, orange oder gelb

Gazania (Gazanien): nicht winterharte Sommerstauden, bis 30 cm hoch, viele Farben

Gladiolus tristis (Eintönige Gladiole, Abendblüte): nicht winterharte Zwiebelpflanze, bis 40 cm, weiß oder cremegelb

Helianthus annuus (Gewöhnliche Sonnenblume): nicht winterharte Einjährige für den Sommer, je nach Form mehrere Meter hoch, gelb, rot oder cremeweiß

Hemerocallis (Taglilien): Sommerstauden, bis 2 m hoch, viele Farben

Ipomoea alba (Mondblüte, Weiße Prunkwinde), *I. indica* (Indische Prunkwinde): nicht winterharte einjährige Kletterpflanzen, bis 6 m hoch, weiß

Nicotiana alata (Flügel-Tabak): nicht winterharte Einjährige, bis 2 m hoch, weiß

»Der höchste Lohn für unsere Mühen ist nicht, was wir dafür bekommen, sondern was wir dadurch werden.«

John Ruskin,
Kunstkritiker, Sozialphilosoph und Philantrop

Ein Mandala anlegen

Mandala ist ein Wort aus dem Sanskrit und bedeutet »Kreis«, hat aber noch eine wesentlich tiefere Bedeutung. Man kennt es sowohl im Hinduismus als auch im Buddhismus. Selbst in der christlichen Geschichte und in der Tradition der Navajo-Indianer in Nordamerika kommt es vor. Es ist im Wesentlichen ein Symbol für den gesamten Kosmos, also für alles Leben und die Lebenskräfte, die wir sehen und nicht sehen. Es erinnert an die Unendlichkeit und die Vernetzungen des Lebens.

Mandalas lassen sich mit vorgefertigten Schablonen herstellen oder selbst entwerfen. Sie können groß oder klein und außerordentlich komplex oder aber so schlicht wie ein Yin-Yang-Symbol sein. In Tibet gilt die Anfertigung eines Mandalas nach wie vor als spirituelle Übung. Dort werden ausgeklügelte, perfekte Muster aus verschiedenfarbigem Sand oder zerstoßenem Glas geschaffen, was manchmal mehrere Stunden und sogar Tage dauert. Kaum ist es fertig, wird es verwischt. Ziel ist nicht die Herstellung einer dauerhaften Struktur oder von etwas, das man aufbewahren kann, sondern der Schaffensprozess als meditative Handlung und der Verzicht darauf als Lektion in Vergänglichkeit. Es mag schwierig sein, der Zerstörung von etwas zuzusehen, das fertigzustellen so viel Zeit und Mühe gekostet hat. Aber auch das Zurechtkommen damit ist für jeden Mönch Teil des Wegs zur Erleuchtung.

Wir verfolgen hier ein ähnliches Ziel. Sie legen ein Mandala in Ihrem Garten im Bewusstsein an, dass es sich um ein vorübergehendes, flüchtiges Werk handelt. Gleichzeitig nutzen Sie den Herstellungsprozess als Auszeit von den Zwängen des Alltags. Diese andere Gewichtung ist eine Strategie, nett zu sich selbst zu sein. Denn man kann nicht rücksichtsvoll gegenüber anderen sein, wenn man nicht zuerst freundlich zu sich selbst ist.

Vergänglichkeit

Veränderungen sind unvermeidlich. Alles für unvergänglich zu halten wie in einem Märchen ist, als wollte man den Atem für immer anhalten – es funktioniert einfach nicht, ja, es hindert uns sogar daran, die Gegenwart zu genießen. Schon allein dadurch, dass man spürt, wie der Atem in die Lungen hinein und aus ihnen hinausströmt, wird man mit der Vergänglichkeit konfrontiert. Achtsamkeit lehrt uns zu erkennen, dass nichts von Dauer ist – gute Zeiten genauso wenig wie schlechte. Und sie verleiht uns die Fähigkeit, jeden Augenblick zu genießen. Wir können die Vergänglichkeit akzeptieren und sogar begrüßen.

Wenn wir wissen, dass etwas nicht von Dauer ist, genießen wir es umso mehr. Sich von jemandem oder etwas verabschieden zu müssen ist traurig. Aber Achtsamkeit gibt uns die Gewissheit, dass die Zeit zusammen nicht verschwendet war und wir wirklich geschätzt haben, was uns zuteilwurde. Vergänglichkeit hinzunehmen kann Klarheit in unser Leben bringen und uns verstehen helfen, dass alles wächst und sich verändert. Etwas Mitgefühl sowie Versöhnlichkeit sind daher nicht fehl am Platz. Zudem lässt uns diese Erkenntnis vielleicht erkennen, was gerade jetzt, in diesem Augenblick, wirklich wichtig ist.

1 Suchen Sie sich ein Muster für Ihr Mandala. Im Internet gibt es genügend Vorlagen. Auch Malbücher für Erwachsene enthalten manchmal Mandalas, vor allem solche, die Achtsamkeit thematisieren. Genauso gut kann man aber selbst ein Muster entwerfen. Sie sollten sich nur überlegen, wie viel Zeit Sie in seine Erstellung investieren wollen: nur eine halbe Stunde oder einen ganzen Nachmittag?

2 Wählen Sie die Materialien aus. Sie können sie aus Ihrem Garten holen oder im nächsten Park bzw. Wald zusammensuchen. Die Palette darf beliebig groß sein – in einem Mandala muss man nicht nur ein einziges Material verwenden. Möglich sind zum Beispiel Erde (nass und trocken ergeben unterschiedliche Farben), Sand, Steine und Kies, Grashalme, Zweige, Obst und Gemüse, Kiefernzapfen oder Samen. Versuchen Sie das Mandala an die Jahreszeiten anzupassen, etwa indem Sie im Herbst abgefallenes Laub und im Sommer Blütenblätter verwenden. Sie können sogar ein Mandala in den Schnee zeichnen.

3 Sie brauchen eine ebene Fläche, auf die Sie das Mandala legen, etwa eine Terrasse oder einen Rasen. Wer beides nicht hat, nimmt ein großes Brett oder einen Tisch. Halten Sie nun einen Augenblick inne und erden Sie sich (siehe dazu Seite 55–57).

4 Arrangieren Sie die Materialien zum gewünschten Muster. Konzentrieren Sie sich währenddessen auf das, was Sie tun, und genießen Sie einfach die Zeit, die Sie mit sich selbst kreativ verbringen.

5 Wenn Sie fertig sind, fegen Sie das Mandala entweder sofort weg oder lassen Sie es liegen, damit es von den Elementen langsam zerstört wird. In beiden Fällen sollten Sie sich vergegenwärtigen, dass der Weg und nicht das Endergebnis das Ziel war.

Ein Sträußchen schneiden

Wer bekommt nicht gern Blumen geschenkt? Ein Blumensträußchen der Saison aus dem eigenen Garten ist jedoch ungleich persönlicher als ein gekauftes Bukett importierter Schönheiten. Natürlich kann man es auch sich selbst schenken: Nehmen Sie es einfach in die Arbeit mit und stellen Sie es als Erinnerung an das eigene grüne Reich auf Ihren Schreibtisch. Es erinnert Sie daran, dass es in Ihrem Garten viel gibt, wofür Sie dankbar sein können – zum Beispiel dafür, dass er eine Quelle so schöner und vielleicht auch noch duftender Blüten ist.

Wer einen Teil seines Gartens für den Anbau von Schnittblumen reserviert, nutzt ihn sehr sinnvoll. Viele unkomplizierte, pflegeleichte Einjährige eignen sich hervorragend für Sträuße. Und falls Sie nicht genug Platz für den Luxus eines eigenen Schnittblumenbeets haben, nehmen Sie einfach andere Blüten und deren Laub aus dem Garten.

»Der Garten vertreibet Schwermut und Bangheit im Herzen.«

Unbekannter englischer Dichter des 16. Jahrhunderts

Garten-Löwenmaul (*Antirrhinum majus*) und Duft-Wicken (*Lathyrus odoratus*) sind gute Schnittblumen.

Pflanzen für Sträußchen

Nahezu alle Blüten eignen sich als Schnittblumen, die folgenden aber sind für kleine Sträuße besonders empfehlenswert. Viele Kräuter bieten sich als Füller bzw. Laubpflanzen an.

Alchemilla mollis (Weicher Frauenmantel)
Allium (Zierlauch)
Ammi majus (Bischofskraut)
Ammi visnaga (Zahnstocherkraut)
Astrantia major (Große Sterndolde)
Briza maxima (Größtes Zittergras)
Centaurea cyanus (Kornblume)
Cosmos bipinnatus (Fiederblättriges Schmuckkörbchen)
Dahlia
Helenium (Sonnenbraut)

Lathyrus odoratus (Duft-Wicke)
Lunaria annua (Einjähriges Silberblatt)
Muscari (Traubenhyazinthen)
Narcissus (Narzissen)
Nigella damascena (Jungfer im Grünen)
Panicum 'Frosted Explosion' (Rutenhirse)
Rosa (Rosen)
Rudbeckia hirta (Rauer Sonnenhut)
Scabiosa atropurpurea (Samt-Skabiose)
Tulipa (Tulpen)

Freundlichkeit

Achtsamkeit ist mehr als nur reines, nüchternes Beobachten. Auch Freundlichkeit und Mitgefühl gehören dazu. Das hat nichts mit Bussi-Bussi und Kuschelatmosphäre zu tun. Wie aus zahlreichen wissenschaftlichen Untersuchungen hervorgeht, erhöht eine positive Einstellung nicht nur die Wirksamkeit der Achtsamkeitsübungen selbst, sondern fördert generell das Wohlbefinden und die Gesundheit – emotional wie physisch. Weiter zeigen die Studien, dass »liebevoll freundliches« Meditieren sowohl kurzfristig als auch langfristig Wirkung zeigt und gegenüber Achtsamkeitsübungen ohne emotionalen Oberton viele Vorteile hat.

Achtsamkeit ohne Bedachtsamkeit kann kalt, ja, sogar langweilig sein, da sie dann ausschließlich kopfgesteuert ist. Indem man das Herz ins Spiel bringt und der Welt mitfühlend oder sogar liebevoll gegenübertritt, bereichert man das Alltagsleben durch Freundlichkeit. Offenheit gegenüber anderen ist ohne Achtsamkeit nicht möglich: Wie sonst soll man erkennen, wer Einfühlsamkeit braucht? Wie soll man wissen, ob man rücksichtsvoll und fürsorglich ist oder nicht, wenn man es sich nicht bewusst macht? Freundlichkeit fördert Empathie und Warmherzigkeit gegenüber den Mitmenschen.

Wenn Sie sich nach einer Achtsamkeitsübung allgemein glücklich und entspannt fühlen, stehen die Chancen gut, dass Sie bereits liebevoll und mitfühlend sind. Wenn Sie es gar nicht erwarten können, bis es vorbei ist, sind sie es vielleicht nicht. Freundlichkeit ist nicht nur gegenüber anderen wichtig, Sie sollen auch gegenüber sich selbst großherzig sein, vor allem während einer Achtsamkeitsübung. Wer seine Gedanken und Gefühle so akzeptiert, wie sie sind, muss sie mit Wohlwollen betrachten, denn eine selbstkritische Haltung macht sie nur schlimmer. Sehen Sie Ihre Achtsamkeitsübung wie den Versuch von Kindern, das Gehen zu lernen – als etwas ganz Grundlegendes. Sanfte Unterstützung ist gefragt, nicht strenger Tadel. Wenn während der Übung unangenehme Gedanken und Gefühle aufkommen, nehmen Sie sie einfach urteilslos zur Kenntnis und fokussieren Sie Ihre Sinne wieder. Seien Sie nachsichtig mit sich. Achtsamkeit sollte etwas Angenehmes sein.

Es spielt keine Rolle, für wen Sie Blumen und Laub für einen Strauß schneiden, seien Sie dankbar für die Pflanzen, für die Gelegenheit, frische Luft zu schnappen, und für die schönen Blüten, die Sie nach drinnen holen können. Wenn Sie den Strauß für sich selbst zusammenstellen und ihn sich ansehen, soll er Sie daran erinnern, den Garten mit seinen Schönheiten zu schätzen. Ist er für andere gedacht, seien Sie dankbar, dass Sie den Empfänger kennen und ihm etwas Glück schenken können.

1 Holen Sie eine Garten- oder Haushalts-schere und gehen Sie in den Garten. Halten Sie einen Augenblick inne (siehe Seite 55–57).

2 Sie brauchen keinen Berg Blumen: Ein Sträußchen soll klein bleiben und kann sogar ganz ohne Blumen auskommen. Eine Kombination unterschiedlicher Formen, Texturen und Laubtönungen sieht genauso schön aus wie ein vor Blumen strotzendes Arrangement, vor allem im Winter. Auch Triebe und Beeren bringen Leben in ein Sträußchen. Als Faustregel gilt: Man sollte es nach dem Zusammenbinden noch gut in einer Hand halten können.

3 Lassen Sie an den Blumen oder dem Laubschmuck einen langen Stängel. Abgeschnitten wird knapp über einer Knospe, damit die Pflanze schön nach-wächst. Legen Sie das Material für das Gebinde auf eine Arbeitsfläche und entfer-nen Sie die unteren Blätter von den Stängeln.

4 Halten Sie das Herzstück des Sträuß-chens – einen hohen Blütenstand oder eine auffällige Einzelblüte – in der Hand und arrangieren Sie die übrigen Blumen und Laubbestandteile außen herum. Mit jeder neuen Lage positioniert man die Stängel ein Stückchen tiefer, damit alles gut Platz hat.

5 Sobald Blüten- und Laub ansprechend arrangiert sind, bindet man das Sträußchen mit einer Schnur zusammen. Winden Sie die Schnur ein paarmal um das Stängelbündel und binden Sie die Enden zusammen. Man kann die Schnur auch mit einem Band kaschieren.

6 Schneiden Sie die Stängel alle auf die gleiche Länge, und stellen Sie das Sträußchen ins Wasser, bis Sie es brauchen.

Samen sammeln

Es gibt im herbstlichen Garten so viel, wofür man dankbar sein kann. Die Blüten, bis vor Kurzem noch strahlend schön, sind verwelkt und vergangen, die Blätter färben sich. Zwischen all diesen vergehenden Schönheiten aber finden sich noch verborgene Schätze – Samen und Früchte, die zum einen auf die nächste Saison hoffen lassen und zum anderen schon jetzt Köstliches im Überfluss liefern. Früchte und Samen sind nie verschwendet. Wenn wir sie nicht selbst brauchen, können sich Tiere an ihnen gütlich tun. Oder sie fallen auf den Boden, verrotten und kehren direkt oder über den Kompost als Nährstoffe in das Erdreich zurück. Vielleicht harren sie auch im Boden aus und keimen in der kommenden Saison. Wenn wir Samen sammeln, akzeptieren wir, dass der Sommer vorbei ist und es Zeit wird, den Herbst zu genießen.

Sammeln Sie Samen für die Küche – etwa Koriander (*Coriandrum sativum*), Fenchel (*Foeniculum*), Dill (*Anethum graveolens*) und Mohn (*Papaver*) – oder für eine Aussaat im nächsten Jahr. Letzteres kann eine spannende Angelegenheit sein, denn die Samen fallen nicht zwangsläufig genauso aus wie die Elternpflanze, vor allem nicht, wenn sie von einer Hybride stammen, in deren Erbgut mehrere Blütenfarben und andere Unterschiede angelegt sind. Die Samen können auch in Früchten und Gemüse verborgen sein oder an der Pflanze trocknen. Auf den nächsten beiden Seiten bekommen Sie ein paar Tipps für das Sammeln getrockneter Samen und Samenstände.

Dankbarkeit

Achtsamkeit und Dankbarkeit sind eng verknüpft mit einer positiven Rückkopplung bzw. Aufwärtsspirale. Ohne Achtsamkeit erkennen wir nicht, was in unserem Leben gut läuft. Je mehr wir es aber zur Kenntnis nehmen, desto öfter sind wir dankbar dafür. Und je dankbarer wir sind, desto häufiger erkennen wir, was wir schätzen sollen! Dankbarkeit ist wie Radfahren: Man braucht Übung und Beharrlichkeit, um es zu lernen. Aber mit der Zeit entwickeln wir, was viele Achtsamkeitslehrer »Dankbarkeitshaltung« nennen.

Das Gehirn neigt von Natur aus zu negativem Denken. Wenn wir nicht regelmäßig bewusst zur Kenntnis nehmen, was uns glücklich macht, vergessen wir es und verfallen wieder in »Bangheit im Herzen«. Umgekehrt kann es eine sehr positive Wirkung auf Gesundheit und Wohlbefinden haben, etwas Wertschätzung in den Alltag zu bringen – und Achtsamkeit, um Positives zu erkennen. In einer Studie führte das zu einem bis zu 25-prozentigen Anstieg der Zufriedenheit und Gesundheit. Je mehr wir Positives zur Kenntnis nehmen und dankbar dafür sind, desto besser verdrahten sich unsere Neuronen.

Es ist durchaus möglich, dazusitzen und an etwas zu denken, wofür man dankbar sein sollte. Untersuchungen zufolge ist die Wirkung jedoch stärker, wenn wir es aufschreiben. Führen Sie daher ein »Dankbarkeitstagebuch«, also ein Notizbüchlein, in das Sie jeden Tag drei bis fünf Dinge schreiben, die Sie wertschätzen – eine einfache Methode, Dankbarkeit in sein Leben zu lassen. Wenn es etwas in Ihrem Leben gibt, wofür Sie beim besten Willen nicht dankbar sein können, versuchen Sie ihm trotzdem etwas Positives abzugewinnen. Eine lange Pendelstrecke zur Arbeit etwa ist meist sehr belastend, aber man kann die Zeit auch nutzen, um ein Buch zu lesen, wozu Sie vielleicht sonst nie kommen würden.

Schätzen Sie beim Sammeln von Samen im Garten die Tätigkeit als das, was sie ist, und seien Sie dankbar für die Pflanzenfülle und die Gelegenheit, frische Luft zu bekommen, für die Pflanzen im Garten und für die Früchte.

1 Suchen Sie sich ein paar Papiertütchen oder Briefumschläge, eine Schnur und einen Stift zum Beschriften der Tütchen.

2 Sammeln Sie die Samen bei schönem Wetter. Bevor Sie damit anfangen, sollten Sie sich vorher aber noch erden (siehe *An der Schwelle innehalten* auf Seite 55–57). Die Samen müssen reif sein, also kurz davor, von der Pflanze zu fallen. Wer das nicht einschätzen kann, stülpt eine Papiertüte über den Samenstand und bindet sie am unteren Ende gut zusammen. Dann werden die ersten abfallenden Samen direkt von der Tüte aufgefangen. Anschließend können Sie den Stängel abbrechen und den Samenstand umgedreht aufhängen, sodass auch die restlichen Samen trocknen und in die Tüte fallen. Durch Schütteln lässt sich nachhelfen.

3 Bei Pflanzen wie Mohn (*Papaver*) sind die Samen reif, wenn man beim Schütteln der Samenstände die Körnchen klappern hört. Die Samen von Doldenblütlern wie Fenchel (*Foeniculum*) und Dill (*Anethum graveolens*) lassen sich, sobald sie trocken und braun sind, leicht lösen.

4 Schütteln Sie die Samen entweder direkt von der Pflanze oder aus dem abgeschnittenen Samenstand in die Papiertüte bzw. den Briefumschlag. Dabei sollte so wenig Spreu wie möglich mit hineinfallen.

5 Schließen Sie die Tüte bzw. den Umschlag, damit keine Samen herausfallen. Beschriften Sie sie mit dem Namen der Pflanze und dem Zeitpunkt, an dem Sie die Samen gesammelt haben.

6 Lagern Sie die Samen bis zur Aussaat in einem luftdicht verschlossenen Behälter an einem kühlen, trockenen Platz.

Merkblatt zur Achtsamkeit

Es gibt keinen falschen Weg, achtsam zu sein. Je häufiger Sie achtsam sind, desto leichter fällt es Ihnen. Aber Sie brauchen Übung und Beharrlichkeit. Schon täglich zehn Minuten Achtsamkeit im Garten haben enorm positive Auswirkungen auf Ihre Gesundheit und Ihr Wohlbefinden.

Achtsam sein

 Achtsamkeit heißt, die Eindrücke des Körpers, der Gefühle, der Gedanken und der Welt um dich herum von Augenblick zu Augenblick zu empfinden. Die Aufmerksamkeit kann wandern, lässt aber nie nach.

 Sei neugierig. Gehe wie ein Neuankömmling oder mit kindlichem Staunen durch die Welt.

 Sei in deiner Achtsamkeit freundlich zu dir selbst und zu anderen.

 Schätze die Welt um dich herum und ihre Zusammenhänge.

 Sei dankbar für alles, was du hast – umso mehr, als du um die Vergänglichkeit von allem weißt.

Der Anfang

 Nimm einige tiefe Atemzüge. Atme durch die Nase ein und durch den Mund aus.

 Fühle, wie sich der Körper entspannt. Spüre sein Gewicht auf deinen Füßen.

 Werde dir deines Körpers und wie er sich gerade anfühlt bewusst. Urteile nicht, beobachte nur.

Achtsames Gärtnern

 Sei dir deines Körpers bewusst. Wähle eine rhythmische Bewegung wie das Gehen und konzentriere dich darauf.

 Daraus entsteht Achtsamkeit gegenüber deinem Garten.

 Wenn du deinen Garten siehst, hörst, fühlst, riechst und schmeckst, erlebe ihn mit deinen Sinnen. Erzähle dir nicht selbst, was du tust.

 Wenn deine Gedanken abschweifen, nimm die Sinne als Anker, um die Aufmerksamkeit auf das, was du gerade tust, und dann auf die rhythmische Bewegung zurückzuführen.

 Tu dies ohne Urteil oder Selbstkritik.

 Beende die Übung durch bewusstes Aufhören während einer Achtsamkeitsphase, statt die Gedanken abschweifen zu lassen und sie nicht mehr zurückzuführen.

 Ziehe einen Schlussstrich unter die Übung, nachdem du fertig bist, und analysiere deine Leistung nicht.

»Die Welt ist voller täglicher Wunder.«

Martin Luther,
Theologe und Reformator

Quellen

Links zur Achtsamkeit

Dieses Buch enthält die Grundlagen nichtreligiöser Achtsamkeit, doch es gibt noch viel mehr zu lernen und zu entdecken. Zahlreiche private Institute und Praxen, aber auch Volkshochschulkurse vermitteln die vielfältigen Aspekte des achtsamen Lebens. Zum Teil werden auch Achtsamkeitsübungen für konkrete Alltagstätigkeiten wie Gehen und Kochen im Netz beschrieben, zum Beispiel unter:

www.dfme-achtsamkeit.de

www.mindhelp.de

www.achtsame-wirtschaft.de

www.oxfordmindfulness.org/, the website of the Oxford Mindfulness

Auf YouTube finden sich ebenfalls zahlreiche Anleitungen für Achtsamkeitsübungen.

Links und Bücher zum Gärtnern und über Kräuter und Bienen

Viele Tipps zur Gartenpraxis und Gartengestaltung findet man auf folgenden Webseiten und auf Homepages von Gartenzeitschriften, z. B. auf:

www.mein-schoener-garten.de

www.garten-freunde.com

www.garten.de

Fergus Chadwick u. A., *Das Bienen-Buch*. München (DK) 2017.

Jeff Cox, Marie-Pierre Moine, *Küchenkräuter anbauen und genießen*. München (DK) 2018.

Matt James, *Mein City-Garten*. München (DK) 2015.

Jill Norman, *Kräuter & Gewürze: Herkunft, Geschmack, Verwendung*. München (DK) 2016.

Christel Rosenfeld, *Rezepte aus dem Kräutergarten*. München (DK) 2013.

Francis Tophill, *Lust auf Garten*. München (DK) 2016.

Royal Horticultural Society, *Die neue Gartenschule*. München (DK) 2013. Eine umfassende Einführung in alle Aspekte des Gärtnerns, von der Pflanzen- und Bodenpflege über das Anlegen und Gestalten von Gärten bis hin zum Anlegen von Teichen.

Bücher zum Thema Gärtnern und Achtsamkeit

Thich Nhat Hanh, *Ich pflanze ein Lächeln*. München (Arkana), 2007 (5. Aufl.). Der weltbekannte buddhistische Mönch und Zenmeister zeigt, wie man achtsam lebt und tiefste Zufriedenheit im Alltag erlangt.

Vanessa Diffenbaugh, *Die verborgene Sprache der Blumen*. München (Knaur) 2012.

Quellen der im Buch verwendeten Zitate

7 Edward Thomas, *Poems*. London (Selwyn & Blount) 1917.

15 Johann Peter Eckermann, *Gespräche mit Goethe in den letzten Jahren seines Lebens*. Leipzig (Brockhaus) 1836.

32 John Laurence, *The Clergyman's Recreation: shewing the pleasure and profit of the art of gardening*. London (Bernard Lintott) 1716.

32 *Duden – Deutsches Universalwörterbuch*: Mannheim (Bibliographisches Institut & E.A. Brockhaus AG (2007).

33 William Shakespeare, *Hamlet*. In: *William Shakespeares dramatische Werke*. Stuttgart, Leipzig, Berlin, Wien (Deutsche Verlags-Anstalt) 1891. Übersetzung: August Wilhelm von Schlegel.

37 Gertrude Jekyll, *Wood and Garden*. London, New York und Bombay (Longmans, Green, and Co) 1899.

42 *The History of Landscape Painting, first lecture*, Royal Institution (9 June 1836), from notes taken by C. R. Leslie.

47 *The Complete Works of John Ruskin*. Philadelphia (Reuwe, Wattley & Walsh) 1891.

49 William Cobbett, *Rural Rides in the Counties*. London (Cobbett) 1830.

54 George Eliot, *Middlemarch. A Study of Provincial Life*. London (William Blackwood and Sons) 1871.

57 Paul Wigand (Hg.), *Lebenspsalm* von Henry Wadsworth Longfellow. In: *Lyrisches Album aus dem Lahngau*. Gießen (Ricker'sche Buchhandlung) 1858.

63 Jane Austen, *Mansfield Park*. London (Printed for T. Egerton, Military Library, Whitehall) 1814.

70 Alexander Pope, *Des Alexander Pope Esq. sämmtliche Werke*. Straßburg (Heitz & Dannbach) 1779.

77 David Hume, *Of the Standard of Taste*. In: *Four Dissertations*. London (A. Millar, in the Strand) 1777.

78 Heinrich Heine, *Lyrisches Intermezzo*. Aus: Buch der Lieder. Hamburg (Hoffmann und Campe) 1822–1823.

88 Theodor Fontane, *Mittag*. In: J. Loewenberg (Hg.). *Vom goldenen Überfluß*. Leipzig (R. Voigtländers Verlag) 1906.

95 Thomas Jefferson. Brief an Martha Jefferson Randolph Philadelphia vom 23.12.1790.

100 Henry Howard, Earl of Surrey. The Poetical Works of Henry Howard, Earl of Surrey. Boston: Little, Brown and Company, 1854

129 Marie Curie, Autobiografia. Panstwowe Wydawnictwo Naukowe. Warschau 1959.

139 Francis Bacon, *Of Gardens*, Essay 46. In Francis Bacon, *The Essayes or Counsels, Civill and Morall, of Francis Lo. Verulam, Viscount St. Alban*. London (Printed by Iohn Haviland for Hanna Barret) 1625.

153 John Keats, *Gedichte*. Leipzig (Insel Verlag) 1910. Übertragen von Gisela Etzel (1880-1918).

165 August Wilhelm von Schlegel, *Shakespeare, William*. Wien (Sollinger) 1825.

170 Voltaire, *Kandide oder Die beste aller Welten*. Berlin (Christian Friedrich Himburg) 1782. Übersetzt von Wilhelm Christhelf Sigismund Mylius.

176 Ezra Weston. Vortrag vor der Massachusetts Horticultural Society (1845).

180 Charles Dudley Warner, *My Summer in a Garden*. London (Sampson Low, Marston, Low & Searle) 1871.

189 Alexander Gilchrist, *Life of William Blake, »Pictor Ignotus«*, Bd. II. London (Macmillan & Co.) 1863.

192 Gertrude Jekyll, *Wood and garden; notes and thoughts, practical and critical, of a working amateur*. London (Longmans, Green) 1899.

196 Johann Wolfgang von Goethe, *Der Triumph der Empfindsamkeit* (entst. 1778/79). Erstdruck Göschen, Leipzig 1787.

202 John Ruskin, *The Complete Works of John Ruskin*. Philadelphia (Reuwee, Wattley & Walsh) 1891.

217 Martin Luther, *Colloquia, Oder Christliche/nützliche Tischreden Doctoris Martini Lutheri*. 1566.

Register

Dank und Bildnachweis

Ich war der Meinung, dieses Buch müsse geschrieben werden. Weil mir Alison Starling und Rae Spencer-Jones die Gelegenheit dazu gaben, bin ich Ihnen zu großem Dank verpflichtet. Das Verfassen des Textes aber ist nur der Anfang. Deshalb danke ich auch Polly Poulter, Juliette Norsworthy und dem gesamten Team von Octopus, weil sie meine nackten Zeilen in ein wunderschönes Buch verwandelt haben. Zu Hause musste mein wunderbarer Mann dafür sorgen, dass die Dinge weiterliefen, während ich bis in die Nacht gearbeitet habe – deshalb danke ich (wie immer) Kevin für seine Unterstützung.

Bildnachweis